Renan Demirkan
Respekt

Renan Demirkan

Respekt

Heimweh nach Menschlichkeit

HERDER

FREIBURG · BASEL · WIEN

FSC
www.fsc.org

MIX
Papier aus ver-
antwortungsvollen
Quellen

FSC® C106847

© Verlag Herder GmbH, Freiburg im Breisgau 2011
Alle Rechte vorbehalten
www.herder.de

Satz: Layoutsatz Kendlinger
Herstellung: fgb · freiburger graphische betriebe
www.fgb.de

Printed in Germany

ISBN 978-3-451-30458-3

Was ist dir das Menschlichste? –
Jemandem Scham ersparen.
Friedrich Nietzsche, Die fröhliche Wissenschaft

*Ich bin nicht religiös, aber gläubig.
Deshalb gilt mein größter Dank dem Leben selbst,
das mich so reich beschenkt hat mit ein paar
wirklich guten Menschen. – Für Ayshe, mögen
deine Träume Wirklichkeit werden.*

Inhalt

Echt? Cool!

Soweit ich zurückdenken kann, und besonders, seitdem ich mich als Schauspielerin in Rollen hineinzuversetzen gelernt habe, beschäftigt mich die Frage:

Woher kommt es, dass es Menschen gibt, ganz unabhängig vom Charakter, die so etwas wie ein inneres Licht zu haben scheinen, die, unabhängig von Talent oder Können, *innerlich* weit sind, freundlich im Wesen und selbstverständlich im Auftreten. Und andere, die sich wie in einem Tresor bewegen, beengt von innen und außen, als stünden sie in einem ewigen Schatten. Sie sind mitunter so verschlossen, dass jeder Satz eine Überwindung zu sein scheint.

Warum wirken manche Menschen so, als hätten sie innerlich viel Platz? Als hätten sie eine Energie oder Kraft, die sie aufrecht und gerade stehen lässt, mit einer Spannung bis in die Fingerspitzen hinein. Einer Spannung, die selbst in kritischen Situationen ihren Blick offen hält, sie kaum ins Schwitzen bringt, als wehte ständig ein Wind um sie.

Dann die Anderen – und mir ist, als bildeten sie die Mehrheit –, die bei der geringsten Verunsicherung den Blick senken und den Körper einziehen. Sie lassen die Arme hängen, drücken die Schultern hoch oder knicken in Brusthöhe nach vorn. Als würden sie in einer inneren Verdunklung leben. Ihre Bewegungen scheinen zu enden, noch bevor die Emotion ihren vollen

Ausdruck erreicht hat. Als wären sie umzäunt von einer unsichtbaren Folie.

Jeder, der versucht, diesen zwei Haltungen nachzuspüren, wird feststellen, dass die erste Variante ihn wie von selbst öffnet, ihn bereit sein lässt, ohne doppelten Boden oder Sicherheitsgurt. Er kann auf andere zugehen, reden, zuhören und aufmerksam sein. Gerade sein.

In der zweiten Haltung bleibt er verschlossen, als würde er innerlich abgebremst. Auch wenn er sich aktiv einbringt, schwankt er mehrheitlich zwischen Zweifel und Rechtfertigung. Selbst wenn er ein besonderes Talent hat, ist das Selbstbewusstsein porös, umschattet.

Aber wenn derselbe Mensch urplötzlich und völlig unvermittelt Lob, Liebe oder Achtung erfährt, strahlt er wie eine Kugel aus Licht.

Besonders deutlich wurde mir diese Veränderung bei der Präsentation von „Der Mond, der Kühlschrank und ich – Heimkinder erzählen", einem Buch mit Lebensberichten von Heimkindern selbst verfasst.

Als Dank für die Mühe der Kinder hatte ich alle meine Autoren in das Kölner „Gloria" eingeladen und ihre Texte von bekannten Schauspielern und Moderatorinnen vorlesen lassen.

Und noch während der Lesung, so schien es mir, löste sich für ein paar Stunden die Hülle um die traumatisierten Kinder. Sie wurden ruhig, konnten sitzenbleiben und zuhören. Was sonst kaum möglich ist. Sonst scheinen ihre Blicke immer irgendwie *außerhalb* zu sein, als hätten sie keine Gegenwart. Durch jahrelange Gewalterfahrung und mangelnde Fürsorge ist ihr Selbstwertgefühl derart instabil, dass sie permanent Beweise ihrer Anwesenheit brauchen. Liebesentzug ist wie Asche auf der Seele. Sie verdunkelt die Innenwelt.

Aber nun saßen sie da im halbhellen Zuschauerraum, hörten staunend ihren eigenen Geschichten zu, unbekümmert und voll Glück. Und plötzlich wirkten sie frei und gelöst, ohne Schatten und Druck, als wären sie mittendrin in einem Hier und Jetzt.

Da wurde es mir das erste Mal bewusst, dass nur derjenige viel Platz und Licht in sich haben kann, der keine Demütigung erleben musste und der keine Scham kennt.

Zu der Zeit hatte ich zwar schon länger über *Respekt* im Kontext von sprachlicher und kultureller Ausgrenzung gearbeitet, aber noch nicht über Respekt in Verbindung mit *Demütigung*. Erst als ich die Wirkung von Scham auf die Befindlichkeit zu begreifen begann, wurde mir klar, warum so viele *verschiedene* Menschen nach Respekt verlangen und nicht nach Toleranz oder Gerechtigkeit. Und erst jetzt beginne ich allmählich zu verstehen, wie stark und warum mein eigenes Leben von der Suche nach Respekt geprägt war.

Heute weiß ich, dass Respekt und Verständnis universelle Ansprüche sind auf ein Komplettsein. Es sind Eigenschaften der Seele, die, wie jedes andere Organ, als Teil des Stoffwechsels kontinuierlich regeneriert und versorgt werden müssen.

Das klingt zwar nach einer esoterischen Persönlichkeitsortung, jedoch hat die differenzielle Psychologie bewiesen, dass dieses *emotionale System* real existiert, in der rechten Hirnhälfte. Es komplettiert das rationale Ich, das in der linken Hirnhälfte lokalisiert ist.

Dieser „Geisteszwilling", unser Selbst, funktioniert wie ein erweitertes Gedächtnis. Es ist die Festplatte, auf der wir sowohl alle Erfahrungen speichern als auch die damit verknüpften Gefühle und Erinnerungen bewerten. Vom ersten Liebeskummer an bis zur Blinddarm-OP, vom bestandenen Abi bis zur glücklichen Schwangerschaft. Und auch jeden Liebesentzug und jede Gewalterfahrung. Es ist der emotionale Soundtrack der Dramen und Komödien unserer Vita. Und der ist individuell so verschieden wie der Fingerabdruck der Protagonisten.

Je besser die beiden Hirnhälften vernetzt oder entwickelt sind, das heißt, je unbeschädigter die Beziehung zur Außenwelt ist, desto sicherer ist die Navigation in Konfliktsituationen. Desto stärker ist auch das Gesamtpaket Mensch. Der Psychologe nennt sie „handlungsorientierte Gestalter". Sie finden Auswege aus Sackgassen und Antworten auf schwierigste Fragen. In einer

Art transneuralem Survivalcamp schalten ihre Synapsen mutig auf: Go! Es sind die ihrer Selbst bewusst Agierenden, mit viel Platz in sich.

So konnte jeder Anwesende bei der Präsentation der Kindertexte miterleben, was eine „gute Außenwelt" für eine verletzte Innenwelt bedeuten kann. Und sei es nur für ein paar Stunden. Wie durch Anerkennung ein Sinn entsteht und zu einem Go motiviert.

Im Anschluss an die Lesung kam ein blasses, hochgewachsenes Mädchen auf mich zu und stellte sich vor. Augenblicklich war ich sprachlos, denn ich kannte ihre Geschichte. Und die ist an Grausamkeiten kaum zu überbieten. Die Mutter und der Stiefvater Schwerstalkoholiker, jahrelange Verwahrlosung und Schläge, sexuelle Gewalt durch den Stiefvater in Gegenwart der Mutter, Pornofilme bis in die Nacht und noch einiges Unerträgliches mehr. Ich dankte ihr, für den Mut, derart offen von ihrem so zerrissenen Leben zu schreiben.

Darauf lächelte sie skeptisch: „Echt?"

„Ja, wirklich!", sagte ich.

„Krass!", fuhr sie fort mit einer abwertenden Handbewegung: „Es waren ja nur die ersten zehn Jahre. Danach bin ich ja abgehauen."

„Du hast Vielen die Augen geöffnet, und du hast es sehr gut geschrieben", sagte ich.

„Echt?", wiederholte sie mit zweifelndem Blick, dann nach einer Pause, mit einem vorsichtigen Strahlen: „Cool!"

Und nach einer weiteren Pause, währenddessen sie mich genauestens beobachtete: „Eigentlich schreibe ich ganz gern."

„Dann solltest du das öfter tun", sagte ich. „Du schreibst wirklich sehr gut!"

Sie schüttelte ungläubig den Kopf und ging mit einem „Krass!" zu den anderen zurück. In ihrer sicheren Umgebung traute sie sich noch einmal umzudrehen und mir mit gestrecktem Arm und offenem Blick zurückzuwinken.

Ein Jahr später bekam ich einen Brief von der mittlerweile Zwanzigjährigen, darin stand:

„Ich wollte nur, dass Sie wissen, dass ich eine Lehre bei der Bonner Zeitung angefangen habe."

Respekt

ist ein anthropologisches Prinzip:
Jeder ist absolut in seiner Verschiedenheit,
in seiner Würde und Zukunft.

Welche Tränen wischt es ab?

Die Hausfrau von nebenan will es, und die Ghettokids in den Banlieues und in Kreuzberg wollen es. Die Armen in den Ramschläden wollen es und die Hungrigen vor den Tafeln auch. Der Erwerbslose inmitten seiner erwerbstätigen Nachbarn will es und auch der Zugewanderte bei der Wohnungssuche.

Sie alle wollen zu allererst das eine: Respekt.

In den New Yorker Armenvierteln sprayte es die schwarze Jugend an Häuserwände, reimte es zu einer neuen Musik, ließ es sich in allen Farben, Formen und Größen in die Haut stechen:

Respect.

Die größte Soulstimme Aretha Franklin besang es zu einem Nummer-Eins-Hit, und weltweit echote es aus den Lautsprechern:

I got to have a little respect – find out what it means to me!

Auch heute klingt der häufigste Satz in der sogenannten Kanaksprache ähnlich: Isch will Respekt, man!

Es meint aber keineswegs den Autoritätsanspruch einer Gangsprache: „Ich bin stärker als du."

Es meint den Wunsch nach Gleichrangigkeit. Nach einem Gegenüber in Augenhöhe, nicht um zu messen, sondern um zu *verbinden*.

Es meint nicht die Reduktion des Anderen, sondern die gemeinsame Bereicherung: „Achte mich, damit ich mich selbst achten kann."

Dieser Respekt will das Interesse am *Sosein* selbst, am Istzustand des Wünschenden, mit all seiner Geschichte, mit all den Schwächen und Stärken.

„I got to have a little respect. Find out what it means to me", meint einen Respekt *ohne* Herrschaftsanspruch.

Und der Moslem will es vom Christen.
Genauso wie der alte Mensch vom jungen.
Oder der schwarze vom weißen.
Behinderte wollen es von Nichtbehinderten.
Der Ohnmächtige vom Mächtigen.
Selbst der Kriminelle will es vom Gesetzestreuen.
Sie alle wollen *Respekt*.

Aber warum?

Was ist dieser „Respekt", wonach ausgegrenzte Menschen verlangen wie Verletzte nach einem Arzt?

Was schmerzt sie so sehr, dass der *Mangel* an Respekt ihren Blick schamvoll krümmt und sie mal aggressiv, mal apathisch werden lässt?

Was erhoffen sich all diese Menschen an den sozialen und kulturellen Rändern?

Und warum hört man diese *verbindende* Forderung nicht von Wohlhabenden und Besitzenden?

Brauchen sie denn keinen Respekt?

Was also ist dieser „Respekt"?

Wo tut man ihn sich hin? Und was macht er mit dem Respektierten?

Welche Geschichten – welche Tränen wischt das *Gefühl*, respektiert zu sein, ab?

Gibt es da vielleicht einen universellen „Respektcode" für Ausgegrenzte? Ein Zauberwort gegen Demütigung?

Warum denn sonst verlangen sie ausgerechnet nach „Respekt", der kaum zu finden ist, und begnügen sich nicht mit der kreuz und quer feilgebotenen „Toleranz" oder mit der regelmäßig reanimierten „Solidarität" oder mit der bei jedem Wahlkampf wiedergeborenen „Gerechtigkeit"?

Alle drei Haltungen beschreiben ein durchaus seriöses und ordentliches Miteinander und vermitteln ein großes Paket an Fürsorge, Schutz und Zugehörigkeit, die jedes Individuum für ein stabiles Ich-Bewusstsein braucht.

Und dennoch hören wir, wenn der Finger auf die eigene Brust zeigt und der Blick sich zum Gegenüber aufrichtet: Ich will *respektiert* werden.

Und das ist keine semantische Verwechslung.

Auch ich habe es immer wieder gesagt, immer wieder, wenn ich auf meine türkische Herkunft reduziert wurde.

„So, so – in der Türkei geboren also?", hieß es oft mit einer gönnerhaften Freundlichkeit.

Manchmal mitleidig und fremdelnd, als sei ich entstellt, was mich beschämte. Und manchmal staunend und freundlich, was aber auch nicht wirklich aufbaute, denn die mitschwingende Kulanz ähnelte einem Almosen. Sie verbarg eine Distanz. Einen Sicherheitsabstand zu mir – der *Ausländerin*.

Und ich verstand den Grund nicht.

Ich wusste damals noch nicht, dass die Distanz das Urwesen der bürgerlichen Tugenden ist. Dass die vielbeschworene „Toleranz", was übersetzt *Duldung* bedeutet, sogar auf den Abstand zu Allem besteht. Dass es ein *Annehmen*, ein *Wir* nicht will.

Dass „Toleranz" das Manifest einer durch und durch individualisierten Kultur umschreibt, dessen Idealbild der *getrennte Mensch* ist.

„Sie ist ein Zeichen für Selbstvertrauen und für das Bewusstsein der Gesichertheit der eigenen Position", heißt es im philosophischen Wörterbuch. So lässt die Politik der Toleranz die weniger Starken und den anders Denkenden zwar geduldig *gewähren*. Gibt ihnen Freiheiten, die die Mehrzahl der Menschen auch weitgehend selbst gestalten dürfen.

Jedoch sichert diese Sicht von Freiheit nur denen besondere Vorteile, die der „Gesichertheit" ihrer Macht gewiss sein können. All jenen, die von sich sagen: Hier bestimme ich die Richtlinien, und der Rest ist Personal, das ich zwar brauche, das aber mein Haus nur durch den Hintereingang betreten darf. Das mir mein Essen kochen und meinen Tisch decken darf, das aber selbst zusehen muss, wie es in der Küche satt wird. Und solange diese „Hilfskräfte" ihre Reservate nicht verlassen, behalten sie auch ihre Freiheiten, ihre Religionsfreiheit, ihre Demonstrationsfreiheit und ihre Pressefreiheit. Aber *was* diese Freiheiten *wert* sind, welche Kraft sie entwickeln oder welche Bedeutung sie haben dürfen, steht unter der Kontrolle der „sicher Positionierten". Denn ihr Weltbild bestimmt die Deutungshoheit in ihrem Haus.

„Toleranz" ist ihre ethische Ratingagentur, die das kulturelle Ranking bestimmt, in das sich die *Anderen zu integrieren haben* oder für immer ausgegrenzt bleiben, weil sie nicht gewollt sind.

So wie es zum Beispiel der Ex-Kanzler Kohl ohne Umwege nach der Unterzeichnung der europäischen Vereinigung verkündet hat. Während er sich mit stolzgeschwellter Brust als überzeugter Europäer outete, schloss er im gleichen Atemzug die Türken aus dieser Gemeinschaft aus, weil der Islam *nicht zu seinem Kulturkreis gehöre.*

Oder wie die aktuelle Kanzlerin nach jedem „Runden Tisch" mit Moslems ihre „jüdisch-christlich-abendländische Herkunft" betont, die die Abgrenzung zum Islam zwar nicht ausspricht, wohl aber meint.

„Toleranz" sollte nie mehr sein, als der gepflegte Vorgarten mit Jägerzaun, Blumenrabatten und Gartenzwergen. Ansehen – ja. Mitgestalten – nein. Ein Sperrgebiet mit Warn- und Verbotsschildern: Betreten, Berühren und Ballspielen verboten. Vorsicht, bissiger Hund!

Auch wenn Dom, Moschee und Synagoge in Sichtweite voneinander entfernt stehen wie in Köln, oder wenn Bratwurst, Döner und Pizza auf derselben Speisekarte angeboten werden wie in Berlin, oder wenn Frankfurter Frauen mit Kopftuch Jura studieren dürfen oder die Abiturientin der Klosterschule sich für Islamwissenschaften entscheidet, so geschehen in Frechen.

Für das kulturpolitische Interesse beschränkt sich das Zusammenleben noch immer auf eine „befristete Aufenthaltserlaubnis", trotz Islamkonferenzen und aller Feierlichkeiten zum fünfzigjährigen Anwerbeabkommen. Es bleibt ein kontrolliertes Sich-selbst-Überlassen, das die gesellschaftlichen Ränder zwar skeptisch erduldet, sich ihrer aber nie wirklich und ernsthaft annimmt. Nicht der sozialen Differenz, nicht der kulturellen Verschiedenheit. Dieses *unparteiische Gewährenlassen* ist bisweilen bereit, selbst Exzesse hinzunehmen, wie rassistische Totschläger oder Amokläufer, solange es das plurale Gefüge nicht berührt. Oder das Mantra der politischen Kaste nicht unterbricht:

„Wir haben eine Leitkultur." – „Wir sind kein Einwanderungsland." – „Integration ist eine Bringschuld."

Ich frage mich, welche „Schuld" wohl gemeint sein mag? Ist es denn eine „Schuld", überleben zu wollen?

Familien und Freunde zu verlassen, um satt zu werden? Und in was sollten sie sich denn „einbringen", wenn *Einwanderer* eh nicht vorgesehen sind?

Diese Begriffsakrobatik ist nicht der einzige Widerspruch im „toleranten" Denksystem. Seit einem Jahr schlägt sogar ein *Sozialdemokrat* vor, ausgewählten deutschen Frauen bis zum dreißigsten Lebensjahr eine Geburtsprämie von 50000 Euro anzubieten, quasi als Kopfprämie für ein *gesundes deutsches* Baby, damit Deutschland sich nicht selbst „abschaffe". Denn das „Versagen" der türkischen und kurdischen Kinder im „deutschen Schulsystem" liege an ihren „Erbfaktoren", so der Ex-Senator, weil „ganze Clans ein lange Tradition von Inzucht" hätten, was der „überdurchschnittlich" hohe Anteil an „angeborenen Behinderungen" beweise. Und die sozialdemokratische Partei gibt zu Protokoll, *sowas*, gemeint ist die demütigende Gesinnung des Genossen, *sowas* müsse eine Volkspartei aushalten können. Als hätte es nie einen Johannes Rau gegeben, der zutiefst überzeugt war vom: „Versöhnen statt spalten". Offensichtlich schafft diese *Sowastoleranz* jeden Spagat zwischen Rassismus und Bergpredigt.

Auch wenn der Volksmund den Begriff der „Toleranz" wesentlich großzügiger versteht. Im *Alltag* gibt es nämlich ein „versöhnendes" Miteinander, das verständlicherweise nicht immer konfliktfrei sein kann, oft sogar misstrauisch beäugt wird, das aber von der

Mehrheit der Menschen *nachbarschaftlich* und *koope-rativ* gelebt wird.

Doch davon setzt sich die *politische Toleranz* klar als Kampfbegriff ab. Da ruft sie in der einen Sekunde zu Gleichheit durch „Integration" auf, um in der nächsten Sekunde die *kulturelle Ungleichheit* als eine Art völkische Demarkationslinie auszugraben.

„Repressive Toleranz" nennt Herbert Marcuse dieses unverständliche Denkmanöver und schreibt in einem Essay von 1965, Toleranz sei ein „Selbstzweck". Es sei „ein Zwangsverhalten der politischen Klasse, die die Unterdrückung so weit verringert, als es erforderlich ist, um Mensch und Tier vor Grausamkeit und Aggression zu schützen". Er beschreibt dieses Denken als „unparteiische Toleranz", die „davon absieht, sich zu einer Seite zu bekennen und damit (die) etablierte Maschinerie der Diskriminierung" in Gang hält. „Toleranz wird von einem aktiven in einen passiven Zustand überführt, von der Praxis in eine Nicht-Praxis: ins Laisser-faire der verfassungsmäßigen Behörden."

Ich frage mich, ob Gesellschaften je derart stabil sein können, dass diese Laisser-faire-Haltung nicht umkippt in eine stumpfe Willkür? Und ob es jemals eine *wirkliche* Demokratie geben kann, bei diesem Slalom zwischen kulturellem Hoheitsanspruch und dem Dulden von eigentlich Ungewolltem?

Dazu noch einmal Marcuse: „Toleranz wird auf politische Maßnahmen, Bedingungen und Verhaltensweisen ausgedehnt, die nicht toleriert werden sollten, weil sie die Chancen, ein Dasein ohne Furcht und Elend herbeizuführen, behindern, wo nicht zerstören."

Wie lange kann solch eine Politik tolerieren, dass 65 Prozent der alleinlebenden, jungen Menschen in der Bundesrepublik als „arm" definiert werden? Wie lange noch, dass ein Viertel aller jungen Erwachsenen keinen ausreichenden Bildungsprozess durchleben kann? Ein Viertel der Migrationskinder gar keinen Abschluss schafft? Wie lange sollen sich hochqualifizierte alleinerziehende Mütter zwischen ihren Kindern und dem Geldverdienen zerreißen? Wie lange kann eine stetig älter werdende Gesellschaft Menschen ab fünfzig aussortieren?

Als Antwort dazu fällt mir ein Dialogfetzen im Restaurant der Frankfurter Buchmesse ein, als ein paar Ex-Broker ihre Publikationen zur Finanzkrise feierten. Sie hatten sich wohl rechtzeitig vor der großen Pleitewelle retten können und erzählten nun Witze, welche Tricks beim Überleben hilfreich seien:

Es fallen zwei Frösche in ein Fass mit Milch. Der eine ersäuft sofort, weil er geschockt ist und sich nicht wehrt, der Trottel. Der andere aber ist clever und schlägt wie wild um sich, und hört so lange nicht auf, bis er die Milch zur festen Butter geschlagen hat. Und als er dann wieder festen Boden unter den Füßen hat, springt er mit einem Satz hinaus und sucht neue Milch. Daraufhin lachten die Mittdreißiger und prosteten sich mit Champagner zu.

Mag ja sein, dass diese Strategie funktioniert, wenn Menschen Frösche wären, und wenn sie genug Kraft in den Beinen hätten. Was aber ist mit denen, die langsamer sind und keine Kraft haben? Soll man sie alle ersaufen lassen?

Natürlich nicht, antwortete da die Politik vor ein paar Monaten und schlug auf ihrer Internetseite für „Arbeit und Soziales" in heiter gelber Schrift vor: „Mut machen" und in Großbuchstaben: „Armut stoppen – gemeinsam handeln". Zur ihrer Unterstützung hatte sie sich ein paar prominente „Mutmacher" geholt, und eine Bischöfin zitierte den 23. Psalm: Der Herr ist mein Hirte, mir wird nichts mangeln. Ein Schauspieler dagegen Erich Fried: Was den Armen zu wünschen wäre? Dass sie im Kampf gegen die Reichen genauso unbeirrt und findig sein sollen, wie die Reichen im Kampf gegen die Armen.

Und damit das alles auch richtig verstanden wird, gab es eine knackige Zusammenfassung auf mohnrotem Grund in weißer Schrift: *Sie* sind gefragt!

Und weil ich dachte, ich habe mich verlesen, las ich es erneut, aber es blieb dabei:

SIE SIND GEFRAGT! stand da – mit Ausrufezeichen.

Also *wir – Sie*, liebe Lesende, und ich –, wir sind aufgefordert, „Mut" zu haben und „Mut" zu machen – mit Ausrufezeichen.

Aber zu was genau??

Etwa dazu: Dass wir findig werden wie die Reichen? Wie soll das denn gehen, ohne *reich zu sein*?

Das klingt nicht nur höhnisch, das ist es auch. Ein Schmierentheater mit „tolerantem" Gütesiegel: Willkommen, bienvenue im Niedriglohnsektor!

Dafür sollen wir Mut machen?

Zu noch mehr „working poor"? Werben dafür, dass immer mehr Menschen trotz *vier verschiedener* Jobs nicht satt werden? Egal, ob Sie Deutsche oder Ausländer sind, egal, ob Sie eine hohe oder gar keine Qualifikation haben?

Wissen die denn nicht, dass Arbeit zu Discountpreisen mit abgelaufenem Verfallsdatum beschämend und demütigend ist?

Wie hinterhältig, *uns* mit in die Verantwortung ziehen zu wollen, dass die Arbeit und der arbeitende Mensch zu Ramschwaren entwertet werden.

Ich sehe die „Überleber" sich zuprosten: Ein Hoch auf buttertretende Frösche!

Nein, ich denke, es wird klar, warum Menschen in ihrer Bedrängnis nicht nach „Toleranz" verlangen. Sie spüren, dass „Toleranz" nichts bewirkt, was Menschen *verbinden* könnte.

Im Gegenteil, im Frühjahr 2011 mussten wir erneut Zeugen eines weiteren Auswuchses dieses *toleranten* Geistes werden.

Einerseits beklagten seit Wochen Politik und Öffentlichkeit mit schockstarren Gesichtern die hemmungslose Gewalt von jugendlichen Schlägern vor laufenden Kameras, um sich dann selbst, im nächsten Atemzug, über die Erschießung eines Verbrechers zu freuen, den sie zum „Terrorfürsten" aufgebauscht hatten. Auch das geschah vor laufenden Kameras, sowohl die Hinrichtung des islamistischen Führers, als auch die Freude an seiner Liquidierung. Genau wie die Schlägereien auf den Bahnsteigen, die Ankündigungen der Amokläufe oder die Kriegsgemetzel auf Videokonsolen.

Die Kanzlerin, quasi das Zentralorgan der politischen Toleranz, trat federnden Schrittes vor die erwartungsfrohe Öffentlichkeit und sprach wörtlich folgenden Text: „Ich bin heute erst einmal hier, um zu sagen: Ich freue mich darüber, dass es gelungen ist, Bin Laden zu töten."

Also doch? „Toleranz" ein ethischer Schießstand der bürgerlichen Moral? Eine rhetorische Blase ihrer nach wie vor missionarischen Gesinnung?

Da ist er wieder, der schöne Schein des kultvierten Vorgartens, mit dem übergroßen Warnschild: Vorsicht, bissiger Hund!

Aber wie ist es mit der *Gerechtigkeit*? Warum rufen die zukunftslosen Kids von Kreuzberg oder die Hungernden vor den Tafeln nicht nach „Gerechtigkeit"? Nach einem Wort mit einer gottähnlichen Wucht oder zumindest einer Art Absolution mit Heiligenschein?

Wenn doch „Gerechtigkeit" die Summe der Zehn Gebote und Inbegriff der Goldenen Regel ist: Behandle andere so, wie du selbst behandelt werden willst. Eine Königsdisziplin des bürgerlichen Tugendkatalogs, die nicht nur im Christentum von höchster Bedeutung ist, sondern in jeder überlieferten Schrift über menschliche Ethik als oberste Instanz aufgeführt wird. Nahezu im selben Wortlaut. Sei es im „Kategorischen Imperativ" des Philosophen Immanuel Kant, den mein Vater sehr verehrt:

„Handle so, dass die Maxime deines Wollens jederzeit zugleich als allgemeine Gesetzgebung gelten könne."

Oder als eine der Maximen des Korans, den meine Mutter stets bei sich trug: „Wünsche Menschen nur, was du dir selbst wünschst."

Warum also verlangen Menschen nicht: Ich will Gerechtigkeit – oder: Du sollst gerecht sein mir gegenüber?

Glauben sie etwa nicht mehr an die Gerechtigkeit? An die Balance der Waagschalen in der Hand der blinden Justitia?

Oder *können* sie nicht mehr daran glauben, wenn sie hören, dass selbst die Tarifallianz *Christlicher Gewerkschafter* ihre Mitglieder zu Dumpingpreisen verschachert hat, so geschehen beim Tarifvertrag für TNT-Zusteller.

Oder nachdem sie Nachrichten lesen mussten, dass ein Gewalttäter nicht inhaftiert wurde, weil er der Sohn eines Anwalts ist und nicht der eines Hartz-IV-Empfängers?

Aber vielleicht kann es auch gar keine „Gerechtigkeit in der Ungleichheit" geben, wie Nietzsche sagt. Weil die Ungleichheit immer dort am größten ist, „wo das Leben am kleinsten, engsten, dürftigsten und am anfänglichsten entwickelt ist".

Vielleicht ist Gerechtigkeit nur eine Illusion, so wie „Heiligenschein" oder „Engel"? Vielleicht hat die Gerechtigkeit schlicht zu viele Gesichter, ist zu sehr ein Chamäleon, immer nur im Dienst derer, die die Regeln vorgeben? Denn wie anders ist zu erklären, dass alle Welt von „Generationengerechtigkeit" spricht und trotzdem weltweit Kernkraftwerke zulässt? Die nachweislich ein Verbrechen an den folgenden Generationen sind. Weil sie weder beherrschbar noch restlos entsorgbar sind!

Warum ist der Krieg des reichen Mannes mit Atombomben ein „gerechter Krieg" und der Krieg des armen Mannes mit seinem Sprengstoffgürtel – „Terrorismus"?

Wieso ist ein gezielter Kopfschuss für 3000 Tote im World Trade Center „richtig", und warum wurde niemand zur Rechenschaft gezogen wegen Hiroshima und Nagasaki? Denn unmittelbar nach dem Abwurf der ersten Atombombe wurden, innerhalb nur von Sekunden, 100 000 Menschen vernichtet und 500 000 in den folgenden Wochen, und bis heute sind es über eine Million, die an den direkten Folgen der atomaren Verseuchung sterben mussten?

In beiden Beispielen wurde im Namen der „Gerechtigkeit" getötet und um „Gottes Hilfe" gebeten, die Einen schrien beim Sturzflug „Allahu akbar", und die Anderen segneten ihre Bombe „Little Boy" mit: „Allmächtiger Vater, der Du die Gebete jener erhörst, die Dich lieben, wir bitten Dich, denen beizustehen, die sich in die Höhen Deines Himmels wagen und den Kampf bis zu unseren Feinden vortragen."

Wer kann da noch glaubhaft die „Gerechtigkeit" als oberste menschliche Tugend hochhalten?

„Es gibt viele Arten zu töten", sagt Bertolt Brecht, und „nur weniges davon ist unserem Staate verboten." Sei es, dass man den Menschen in Plattenbauten steckt oder ihn als „Ein-Euro-Jobber" demütigt. Auch ist es nicht verboten, Kassenpatienten auf ihre Behandlung warten zu lassen oder Soldaten für Wirtschaftsinteressen in Panzer zum Hindukusch zu setzen.

Für wen gilt die Gerechtigkeit? Wem hilft sie? Wen schont sie? Für wen bleibt sie für immer unerreichbar?

Ich weiß nicht, ob es je eine allumfassende Gerechtigkeit geben kann, aber wenn ich in die *Innenansicht* eintauche, fallen mir neue Fragen ein. Denn bei der Suche nach einer Wahrheit entsteht immer auch die Frage nach der *Freiheit*.

Haben denn alle Beteiligten dieselben Freiheiten, sprich die ökonomischen und sozialen Mittel und Möglichkeiten? Und ist es überhaupt gestattet, solange diese Voraussetzungen nicht gegeben sind, von einer „Gerechtigkeit für alle" zu sprechen, wie es der politische Klüngel bei jeder Wahloffensive hinausposaunt?

Mein Gefühl sagt mir, dass die zukunftslosen Kids in Kreuzberg und die Hungernden vor den Tafeln mehr über Gerechtigkeit wissen, als die Politiker ahnen. Vielleicht kennen sie Brechts Gedanken über die Gerechtigkeit nicht, aber die Auflösung der Sozialsysteme hat ihnen das Prinzip der Doppelmoral sichtbar gemacht: Der Fisch stinkt vom Kopf her.

In Brechts Meti-Geschichten wird es etwas präziser beschrieben: „In Ländern, die gut verwaltet sind, braucht es keine besondere Gerechtigkeit. Dem Gerechten fehlt dort die Ungerechtigkeit, wie dem Klagenden der Schmerz."

Literarisch klingt es vielleicht etwas seriöser, aber beide meinen dasselbe: Der Fisch stinkt vom Kopf her.

Heißt das also, wir alle wissen, ahnen oder spüren, dass es gar keine Gerechtigkeit geben kann? Dass Gerechtigkeit eine Maskerade ist, eine Charade? Ein fortwährendes Hinzulügen? Eine Schlange mit unzähligen Köpfen?

Reicht da noch *ein* gezielter Kopfschuss zur Klärung? Oder braucht man gar am Ende eine weitere „Christliche Bombe", wie die Atombombe von den Japanern verspottet wird?

Und welcher der Köpfe sollte zuerst eliminiert werden?

Und schon fallen mir neue Fragen ein:

Wie kann es gerecht sein, Banken mit Milliarden zu retten und den Sozialabbau nicht mit ein paar Millionen „Bürgergeld" abzubremsen? Oder ist es gerecht, mit einer absurden Steuerpolitik die Reichen noch reicher zu subventionieren und die Armen in immer größere Abgabennot zu drängen? Noch nie zuvor klaffte die soziale Schere so weit auseinander wie heute! Noch nie waren in der Bundesrepublik so viele Menschen von Armut bedroht oder leben bereits in Armut. Warum heißt das hier liberale Marktwirtschaft und in Ägypten zum Beispiel „korruptes Patriarchat"?

Warum ist Wirtschaftskriminalität eine „Fehlspekulation", die strafrechtlich kaum verfolgt werden kann, und warum wird eine Hotelangestellte wegen des Verzehrs einer Portion Nudeln fristlos entlassen, mit der Begründung, das sei ein „Vertrauensbruch"?

Was *darf* hier noch *toleriert* werden, und wer richtet über wen?

Selbstverständlich muss Recht gesprochen, müssen Urteile gefällt, müssen Verbrecher bestraft werden. Wer aber bestimmt über die Verhältnismäßigkeit? Und wieso darf das Gesetz gebogen werden, durch Status und Macht?

Gibt es da vielleicht ein klammheimliches „Du-*soll-test*-nicht" für die Oberen und ein „Du-*sollst*-nicht" für die unteren Schichten? Und vielleicht, je nach kultureller Zugehörigkeit abgestuft, eine „Du-*darfst*-nicht-Fassung" für all die, die ganz unten zu überleben versuchen?

Zugegeben, die Fragen sind polemisch. Aber ich habe sie absichtlich so drastisch formuliert, um den Sumpf zu beschreiben, den wir täglich und millionenfach durchwaten.

Denn die engelsgleichen Worte *Gerechtigkeit* und *Toleranz* sind nichts weiter als leere Formeln eines ethischen Programms, dessen Programmierer sich die wirkliche Wirklichkeit von ihrer eigenen abgekoppelt haben und sich *ihre* Gesetze je nach Interessenlage neu wichteln. Und ähnlich dem Gesetz von Ebbe und Flut wechseln sich das „Wohltun" und das „Wehtun" so regelmäßig ab wie die Diskurswellen über Toleranz und Gerechtigkeit in den Talkshows.

Es heißt, die Gerechtigkeit urteilt „ohne Ansehen" der Person, die Augen verbunden. Vielleicht sollte sie die Augen besser öffnen. Wie kann es Gerechtigkeit geben, wenn ein Asylsuchender ohne Ansehen der

Person wieder zurückgeschickt wird, zu den Folterern?

Wenn einem Ladendieb als „Wiederholungstäter" dieselbe Strafe droht wie einem Manager, der Tausende von Menschen um Millionen betrogen hat? Wenn ein Kinderschänder für jahrelangen Missbrauch seiner Stieftochter nur drei Jahre auf Bewährung plus 1000 Euro Strafe erhält?

Als Antworten fallen mir zwei Fragen von Nietzsche ein:

Wen nennst du schlecht? – Den, der immer beschämen will.

Was ist dir das Menschlichste? – Jemandem Scham ersparen.

Und die Aggressionsforschung erinnert uns:

Wenn aus Gerechtigkeit Demütigung wird, wird aus Scham Gewalt und aus Frieden Krieg.

Wir ahnen nun, warum Menschen sich in ihrer Bedrängnis auch nicht nach „Gerechtigkeit" sehnen, denn „Gerechtigkeit gibt es nicht im Austausch von Ungleichen".

Aber da wäre ja noch die *Solidarität*, der Zusammenschluss der gleichen Nöte, Interessen und Absichten. Der gemeinsame Kampf für mehr Rechte und ein besseres Leben für jeden Einzelnen. Warum also hören wir den Ruf nach Solidarität fast gar nicht mehr?

Braucht es denn keinen Widerstand bei Missachtung der Würde, bei Erniedrigung, bei Ausgrenzung oder bei Beschämung?

Warum also fordert der Schwache vom Starken keine Solidarität? Oder der Kranke vom Gesunden, der Alte vom Jungen oder der Schwarze vom Weißen?

Warum hören wir da nicht: Wir wollen Solidarität?

Was stimmt nicht an der Solidarität? Sie überschreitet doch das rein Normative der schon genannten Tugenden und versucht deren politische Umsetzung einzuklagen! Solidarität ist nicht nur ein Wort, sondern auch ein Handeln, ein Eingreifen, ein Sich-Entscheiden und Sich-Verhalten.

Ich mag die Solidarität. Sie erinnert mich an die Dreifaltigkeit der Aufklärung: Freiheit, Gleichheit und Brüderlichkeit.

Und sie erinnert mich an die großartigen Bewegungen, die erst durch die Solidarität der Betroffenen Gehör gefunden haben und ernst genommen wurden, wie zum Beispiel die Arbeiterbewegung, die Frauenbewegung, die Schwulen- und Lesbenbewegung, die Studentenbewegung, die Bürgerrechtsbewegung des Martin Luther King oder die Anti-Apartheid-Bewegung von Nelson Mandela oder die gewaltfreie Unabhängigkeitsbewegung Mahatma Gandhis. Und nicht zu vergessen, die Bürgerrechtsbewegung der DDR mit dem historischen Ruf: Wir sind das Volk!

Sie alle wären *ohne Solidarität* nicht denkbar gewesen. Sie wären ohne die *solidarische Empathie* nicht einmal möglich gewesen, ohne den leidenschaftlichen Widerstand Gleichgesinnter, ohne die massenhaften Proteste, Sit-Ins, Demos und die zahllosen Streiks: die Streiks an Unis und Fließbändern, in Gefängnissen oder vor Panzern.

Das war die große Kraft der Solidarität gewesen, wenn aus Wenigen binnen kurzer Zeit Massen wurden, die *gemeinsam* Widerstand leisten wollten und konnten.

War das vielleicht *früher* einfacher? Gab es damals mehr Gründe oder weniger Gegner? Oder waren diese schwächer als die heutigen?

Ich glaube, die Menschen hatten *schon immer* genug Gründe, und auch ihre Gegner waren schon immer dieselben. Nur waren sie früher in der Regel konkret benennbar: die weißen Gesetzgeber, die Professoren, die Kolonialmächte, die Industriellen, die Männer oder „die alten Zöpfe".

Auch die Hierarchie der industriellen Produktion war klar definiert, wie die farbige Abbildung auf einer englischen Arbeiterzeitung von 1911 sichtbar macht:

Zuoberst, als Spitze einer Pyramide, sehen wir auf einem roten Samtkissen einen goldenen Geldsack mit aufgedruckten Dollarzeichen, daneben steht fett gedruckt: „Capitalism". Darunter, von einem dünnen Brett abgetrennt, die politische Führung mit Zepter, Zylinder und Orden und herablassendem Blick, die mit

„we rule you" kommentiert wird. – „Wir regieren euch."

Eine Stufe unter der Macht, das Brett hat dieselbe Stärke wie oben, sind drei barocke Kirchenvertreter versammelt, mit erhobenem Kreuz, gefalteten Händen und drohendem Blick, begleitet von der Bemerkung: „we fool you" – was salopp übersetzt bedeutet: „Wir verarschen euch."

Auf der dritten Ebene unterhalb des Geldsackes steht auf der selben Wanddicke, die Exekutive schussbereit, Polizei und Soldaten, durch alle hindurchsehend, mit Kanonen und Gewehren im Anschlag: deren Slogan lautet: „we shoot at you" – „Wir schießen auf euch."

Darunter, auf der massivsten Plattform, die mindestens doppelt so dick ist wie der Rest des Aufbaus, hat sich die bürgerliche Gesellschaft in Abendrobe zusammengefunden. Bei einem opulenten Festmahl um einen riesigen weiß gedeckten Tisch sitzend, prostet sie hoch amüsiert dem Betrachter zu mit einem: „we eat for you!" – „Wir essen für euch."

Und schließlich, als Unterbau, auf lehmiger Erde und zugleich zuunterst von allem, was menschenwürdiges Dasein ausmacht, zuunterst von Bedeutung, Macht, Ansehen und Möglichkeiten, sehen wir das arbeitende Volk, kraftlose, erschöpfte Männer, Frauen und Kinder, die diese „Pyramid of capitalist system" auf ihren Schultern tragen müssen. Deren Blicke kreuz und quer um Hilfe bitten und schmerzvoll eingefallen oder schamvoll gekrümmt nach einem Ausweg suchen. Ihnen zu Füßen steht in derselben fett gedruckten Schrift, wie neben all denen, die sie fast zermalmen mit ihrem Gewicht: „we work for all – we feed all": „Wir arbeiten für alle – wir ernähren alle."

Diese Information ist so klar, dass wir uns auch heute noch, wäre die Situation dieselbe, und hätten wir noch immer dieselbe Erfahrung mit der Ausbeutung durch Arbeit, dass wir uns auch heute noch zu Tausenden zu Solidaritätsmärschen zusammenfinden würden. *Wäre die Situation dieselbe.*

Aber die Situation ist nicht mehr dieselbe. Glücklicherweise haben wir heute – zumindest in weiten Teilen der technisch entwickelten Länder die rechtlose Situation der arbeitenden Frauen und Männer verbessert, ihre soziale Absicherung, ihre individuellen Möglichkeiten erweitert sowie ihre Teilhabe an Bildung und Kultur weitgehend gesichert. Das alles und noch einiges mehr, wie die „Charta der Menschenrechte" oder die „Charta der Kinderrechte", haben wir den *solidarischen* Bewegungen in der Geschichte unserer Zivilisation zu verdanken.

Diese Bewegungen haben im wahrsten Sinne des Wortes unser Leben bewegt. Ganze Nationen und Kulturen. Sie haben *Identität* geschaffen, wurden politische Heimat und kulturelles Zuhause der Empörten – durch Solidarität.

Aber die modernen Produktionsmethoden haben den arbeitenden Menschen als erkennbare „Klasse" nicht nur *demokratisiert*, sondern zugleich ihre Erkennbarkeit aufgelöst. Sie ging unter in der fundamentalen Verwandlung der Arbeitswelt, und ihr Wirken wurde unsichtbar.

Und noch etwas hat sich verändert, dessen Folgen wesentlich gravierender sind als die Veränderung der Arbeitsform. Es ist die *Zielsetzung* der technisierten Produktion. Es geht ihr nicht mehr um die *Verbesserung* von „analoger" Arbeit, sondern um *deren Abschaffung*, um deren *Ersetzen* durch digitale Systeme. Das Ziel heißt Effizienz, und der Mensch stört dabei.

Die Auflösung der alten, industriellen Produktionssysteme durch modernste Technologie hat sowohl die Stufen in der Produktionshierarchie als auch ganze Produktionspaletten und -bereiche abgeschafft. Und ehemals menschliche Entscheidungs- und Kontrollinstanzen durch Computer und Kameras ersetzt.

Nicht das *Wesen* des Kapitals hat sich verändert, sondern seine Gestalt, sein *Outfit*.

„Re-engineering, flexible Spezialisierung und Neo-Liberalismus sind die neuen Kräfte", schreibt der Soziologe Richard Sennett.

Wohlgemerkt, nicht die *Höhe* zum Geldsack hat abgenommen, nur gibt es keine Stufen mehr zwischen „Oben" und „Unten". Vielleicht hier und da noch einen Fahrstuhl mit Spezialcode.

Geblieben ist das Geld, nach wie vor als wichtigstes Schmiermittel im Räderwerk aus Macht, Moral, Ordnung und Besitz. Nur sind die Bereiche in der Moderne so sehr ineinander verzahnt, genauer gesagt, sie sind so sehr miteinander *vernetzt*, dass die Schnittstellen von Kapitalbesitz, Kapitalsteuerung, Kapitalfluss und Kapitalvermehrung unsichtbar wurden. Mehr noch, diese Prozesse wurden zu einem gesichts- und ortlosen Terminus technicus vereint: dem *Finanzmarkt*, einer tabulosen Zone, jenseits von Verantwortung oder Moral, sogar außerhalb von Recht.

So etwas ist nicht nur schwer zu zeichnen, es ist noch viel schwerer zu erfassen, und es ist fast unmöglich, einen Verantwortlichen zu finden, gegen den man sich solidarisieren könnte. Wie zum Beispiel bei der letzten sogenannten Finanzkrise von 2007, bei der sich nach Aussagen ehemaliger Investmentbanker die Finanzwelt zynischerweise „gesundgeschrumpft" habe von den zu vielen „toxischen Papieren".

Dafür, dass diese Entgiftungskur der Börsen für Hunderttausende weltweit *echtes* Gift war, ist bis heute keiner zur Verantwortung gezogen worden. Millionen wurden obdachlos, verloren ihre Arbeit und Altersversorgung, Unzählige sahen keinen Ausweg mehr und töteten sich und über ein Dutzend Staaten stehen am Rand des Bankrotts oder sind es bereits.

Wer hätte sich da gegen wen solidarisieren können? Es gab Dutzende von Verursachern – aber keinen einzigen Verantwortlichen.

Also, gegen wen hätten die Betroffenen sich zusammentun können?

Gegen *die Banken*? Gegen *die Politik,* gegen *die Börse*, gegen *die Analysten?* Vielleicht gegen *die Gier* oder gegen den *Testosteronüberschuss*? Ja, Sie haben richtig gelesen.

Auf dem Höhepunkt der Krise versuchten sich die unterschiedlichsten Interessengruppen an Erklärungen für diesen milliardenfachen Absturz. Die Presse suchte nach Gesichtern hinter den Derivaten, die Politik suchte Heil in Bad Banks, die Verhaltensforscher, Soziologen und Psychologen versuchten die bislang ungesehene, organisierte Gier mit *menschlichem Versagen* zu belegen. Studien tauchten auf, als Beweis, dass es eine direkte Korrelation zwischen aggressivem Verhalten und einem Testosteronüberschuss gibt, der insbesondere *das Mitgefühl blockiere.* Bluttests von Brokern ergaben, dass ihre Risikobereitschaft proportional zu ihrem Testosteronspiegel anstieg. Und Professor John Coates, Leiter einer Studie der Universität Cambridge, fand heraus: „wenn der Testosteronstand exzessiv wird, wie dies etwa bei Spekulationsblasen der Fall ist, kann die Lust auf Risiko obsessiv werden".

Börsianer mit hohen morgendlichen Testosteronwerten verdienten oft mehr Geld als Kollegen mit niedrigeren Werten. Und wirklich problematisch werde es, wenn das Siegergefühl wiederum weiteres Testosteron freisetzt, was letztlich zu Selbstüberschätzung mit riskanten Konsequenzen führen könnte.

Zur gleichen Zeit lief eine mehrteilige Dokumentation über das menschliche Gehirn, und der Bremer Professor Gerhard Roth sagte, das Verhaltensrepertoire des Mannes stamme noch aus der Steinzeit. Jedoch hätten sich die Bedingungen dahingehend geändert, dass der Mann nicht mehr für die Ernährung zuständig ist, weil die Frau sich heute selbst versorgen kann – womit der Mann *„in seinen wesentlichen Funktionen überflüssig"* geworden sei. Welche mag er wohl damit gemeint haben?

Einen weiteren Erklärungsversuch fand ich bei der Völkermordforschung. Für das Selbstwertgefühl des Mannes seien Erfolg, Macht und Ansehen die wichtigsten Stützen, um derentwillen er sich mit allen Mitteln in jedes Abenteuer begebe, ob in der Landwirtschaft, bei Aufmärschen oder im Krieg.

Ich war sprachlos.

Milliarden waren verbrannt, und Schuld sollte die steinzeitliche Biologie des Mannes sein, das mangelnde Selbstwertgefühl der Broker, das Zuviel an Testosteron der Analysten und Investmentbanker?

„Nee, wat en Elend!", sagte meine Kölner Nachbarin nach einer dieser endlosen Talkrunden zum globalen Countdown.

„Dass es da keine Pille gibt! Irgendein Hormönchen. Dann könnt man die Kriege gleich mit einmotten!"

„Da kannste aber lange drauf warten", antwortete ihr pubertierender vierzehnjähriger Sohn.

„Die Medizin wird doch von der Waffenindustrie gesponsert!"

Warum nicht? War meine erste Reaktion.

Klingt zwar nach einer gespenstischen Paarung. Aber wundern würde es mich nicht, nach all den skandalösen Blind Dates der Finanzwelt. Es scheint alles möglich zu sein auf dem anonymen Börsenparkett.

Es ist richtig, die Solidarität hat Menschen zusammengebracht – aber sie hält sie nicht mehr zusammen. Nicht weil ihr die Argumente ausgegangen wären oder die Gegner, sondern weil die Flexibilisierung der modernen Produktionsformen ihr die Basis entzogen hat. Denn Flexibilität verlangt ständige Abrufbarkeit, Mobilität und Bindungslosigkeit. Aber Solidarität braucht Zeit und Kontinuität, um Vertrauen aufzubauen. Um sich auszutauschen. Denn Verlässlichkeit und Loyalität sind die Grundvoraussetzungen für ein gemeinsames Handeln.

Es ist fast unmöglich, sich verantwortlich zu fühlen für eine Arbeit auf dem Schleudersitz, ganz gleich in welchem „Lohnsektor". Ob als Lehrer oder als Handwerker mit Zeitvertrag. Ob als Schauspieler oder als Altenpfleger.

Solidarität braucht eine Bindungsabsicht, Bindungen aber entstehen durch Begegnung und Kommunikation. Und das braucht Zeit.

Zumindest trifft das auf all die zu, die sich nicht zu den „Siegern" zählen können, wie Sennett die Folgen der Flexibilisierung kommentiert.

Deren *entwurzelnde Wirkung* trifft nicht auf alle Schichten zu. Für eine Handvoll ist es das Ave Maria der Moderne. In seinem Buch „Der flexible Mensch" beschreibt er ein Treffen der – mit ein paar wenigen Ausnahmen – hauptsächlich männlichen Wirtschaftseliten in Davos.

„Das Weltwirtschaftsforum ähnelt mehr einem Hofstaat als einer Konferenz", lese ich. Vorneweg der Milliardär Bill Gates, der „allen Berichten nach ein rücksichtsloser Konkurrent sei und dessen Habgier gut dokumentiert wäre". Aber es wäre fatal, ihn als Bösewicht zu bezeichnen, denn er sei voller Energie und das Musterbeispiel eines flexiblen Wirtschaftsbosses, bereit, sich permanent den neuesten Herausforderungen zu öffnen. Und er verkörpere, stellvertretend für den ganzen Hofstaat, die Veränderungen der neuen Zeit in Reinform: neue Techniken, Auflösung starrer Bürokratien und eine grenzenlose Weltwirtschaft.

Bill Gates' Credo sei das *Loslassen*. Sein Mantra: Wachstum ist eine unordentliche Angelegenheit. Deshalb soll man sich lieber in einem Netzwerk von Möglichkeiten bewegen statt in dem veralteten Denken in einem Kontinuum, fordert er.

Doch dazu bedürfe es eines besonderen Charakters, kommentiert Sennett. Es bedürfe der Fähigkeit, sich von seiner eigenen Vergangenheit zu lösen und die

Entwurzelung als Triebfeder für zukünftige Energien zu benutzen. Was die Haupteigenschaft der in Davos versammelten Mächtigen sei, der *Sieger*, die im neuen Kapitalismus zu Hause sind.

Für die anderen jedoch, die keine Macht haben, hat das Credo des ultraflexiblen Milliardärs ganz andere Unterkünfte vorgesehen. Denn Flexibilität bedeutet für den Ein-Euro-Jobber in erster Linie den Zusammenbruch seines Selbstwertgefühls, weshalb *Verwurzelung und Kontinuität* fast eine Überlebensnotwenigkeit sind. Eine kulturelle Reserve, die ihm noch helfen kann, eine halbwegs stabile Identität zu entwickeln und zu bewahren.

Ich frage mich: Wie kann diese Paradoxie von Wertewelten nebeneinander existieren, ohne dass sich die Humanität komplett auflöst? Bedeutet dieses diametral entgegengesetzte Interesse der Finanzwelt, dass wir uns zukünftig auf zwei verschiedene Zeitwelten einstellen müssen? Auf die beliebig veränderbare Zeitwelt der Superreichen, die frei sind von jeglichen Bindungsgedanken, die jedes x-beliebige Netzwerk zu jedem gewünschten Zeitpunkt erreichen und wieder verlassen können?

Und müssen sich die Armen in einer zweiten Zeitzone einrichten, quasi im Kondensstreifen der Finanzwelt, dort ein Schattendasein führen in Billiglohnsektoren, wie in einem Zeitknast? Was für eine Zukunft erwartet dann Mensch und Landschaft, wenn zum

Beispiel neunzig Prozent der Bevölkerung im Billiglohnsektor arbeiten müssen, wie auf der Insel Rügen?

Die Einführung der *Zeitverträge* ist für mich nicht nur der größte Bluff der modernen Arbeitswelt, sondern neben der atomaren Verseuchung und der Zerstörung der Umwelt eine der größten Menschenrechtsverletzungen der Moderne, inklusive des Wahlspruchs „Sozial ist, was Arbeit schafft", der den Menschen als *Kulturwesen* eliminiert hat. Dieser Wahlspruch hat nichts weiter als Hunderte von Unterschichten produziert und eine einzige Oberschicht gestärkt. Er hat selbst die Kreativen in der sogenannten „Kreativwirtschaft" zu Tagelöhnern entmündigt.

„Es fehlt mittlerweile *auf allen Ebenen* der Macht und der Wirtschaft der Respekt vor den Lebewesen und deren Recht und Würde", stellt der alternative Nobelpreisträger Leonardo Boff fest. Und ich schließe mich ihm an und wiederhole: Wir brauchen ein sofortiges Ende der Wachstumsideologie. Sowie die sofortige Abkehr der Politik vom Lobbyismus und ein unverzügliches Spekulationsverbot auf alle Nahrungsmittel.

Die sogenannte flexibilisierte Arbeitszeit klingt zwar nach einer Wellnesskur mit einer extra Portion Selbstbestimmung, aber ihre wirkliche Absicht ist die größtmögliche Kontrolle über den Arbeitenden. Wie es die Billigketten Lidl, Schlecker, Aldi oder KiK praktiziert haben und es teilweise auch noch tun. Mit Kameras und Lohndumping, mit Verbot der Mitsprache und des gewerkschaftlichen Engagements.

Zugespitzt formuliert war und ist Arbeit noch *nie* sozial gewesen. Lohnarbeit oder Erwerbsarbeit ist eine verklärende Umschreibung der immer noch andauernden *Ausbeutung*.

Sie hat von jeher die Menschen entfremdet und entmündigt. Den Akkordarbeiter mehr, den Beamten weniger. Die Krankenschwester anders als den Künstler. Und das neue Synonym der Flexibilität hat diesen Prozess um eine weitere Demütigung verschärft: um das portionierte Leben in Zeitmodulen. Innerhalb von nur einem Jahrzehnt wurde das gewohnte Zeitverständnis analoger Abläufe von Grund auf ersetzt durch eine digitalisierte Rasterung, die kaum einen Lebensbereich auslässt.

Nur um kein Missverständnis aufkommen zu lassen, das Schmieröl des *Industrie*zeitalters bestand aus denselben Zutaten wie der heutige Kapitalismus: Habgier, Ausbeutung, Rassismus und Sexismus. Nur war damals jedem klar, *wann* er *was* zu tun hatte. Biografien verliefen linear, von der Lehre bis zur Rente, berechenbar für Ratenzahlungen und Ersparnisse, planbar für Kinder und Urlaub. Das Leben war einigermaßen verständlich – wie eine Erzählung oder ein Foto. Die Zeit war organisiert, rationalisiert und bürokratisiert und vermittelte ein Mindestmaß an Orientierung, Schutz und Struktur.

Heute dagegen scheint die wichtigste Tugend für Effizienz und Erfolg nicht mehr Ausdauer und Ordnung zu sein, sondern die schnelle Zerstörung und das Chaos.

Zwischen dem Schulbeginn meiner Tochter und ihrem Abitur ist das Telefon mit Wählscheibe verschwunden. Auch das Faxgerät mit Papier ist mittlerweile zugestaubt. Heute muss ich den Hörer nicht mal mehr an das Ohr drücken, heute gibt es iPhones mit Touchscreen. Das telefoniert zwar noch, aber sonst hat es mit dem Gerät von früher nichts mehr gemein. Es ist mehr ein virtuelles Büro und Statussymbol, erfüllt Funktionen eines Assistenten und einer Eskorte, ist Joystick und Trostpflaster. Es lässt mich reden und dabei sehen, es findet jede x-beliebige Straße in Ghana und Berlin, zeigt mir jedes Fremdwort und jedes historische Ereignis, hat ein endloses Archiv an Literatur, Zeitungen und Musik. Darüber hinaus ist all dies – und noch unsagbar vieles mehr – innerhalb von wenigen hundertstel Sekunden abrufbar. Wofür ich noch vor zehn Jahren eine halbe Wohnungseinrichtung gebraucht hätte mit Büchern, Regalen und einer Stereoanlage, das erledigt nun ein handgroßes, keksdickes Hightech-Gerät mit dem Gewicht einer Tafel Schokolade.

Theoretisch müsste eigentlich niemand mehr aus dem Haus gehen. Wir könnten alles via Internet be-

stellen oder buchen oder verschicken. Der Versand-
handel meldet explodierende Wachstumszahlen. Das
Internet ist die staubfreie Seidenstraße der Zukunft.
Das Online-Shopping verspricht besten Service rund
um die Uhr: Die Ware wird ins Wohnzimmer geliefert.
Schuhe, Möbel, Fertighäuser. In der schönen neuen
Konsumwelt sind zeitliche Beschränkungen elimi-
niert.

Dank einer weiteren technischen Erneuerung, dem
großen Auge GPS, kann theoretisch auch niemand
mehr verloren gehen. Die digitalisierte Gesellschaft hat
seine User durch ein engmaschiges Kontrollsystem fest
im Griff: Der digitale Begleitservice navigiert uns blind
aus jeder Sackgasse. Kassiert Autobahngebühren, zeigt
an, wer gerade wo mit wem telefoniert. Eine virtuelle
Fußfessel, die zugleich als diskreter Bewegungsmelder
von Polizei, Geheimdienst und Militär benutzt wird.
Ein Schelm, wer sich Böses dabei denkt.

Selbst der wöchentliche Stammtisch ist überflüssig geworden, denn auf Facebook, dem Stammtisch des
World Wide Web, habe ich in Nanosekunden so viele
stressfreie Kontakte wie ich will. Und die schmutzen
nicht und laufen außerdem so nebenher, zwischen Essen und Zähneputzen. Wer möchte da schon die an-
strengenden analogen Begegnungen, für die man sich
obendrein noch extra Zeit einplanen müsste? Extra
Aufmerksamkeit?

Bislang war Konsens, dass Identität durch Kommunikation entsteht, dreidimensional und in Echtzeit, durch soziale Kontakte und kulturelle Interaktion. Jedoch höhlt die Mechanisierung dieser Werte nicht nur die Arbeitswelten aus, sondern zersetzt das individuelle Raum-Zeit-Kontinuum. Es reduziert das Ich-Gefühl auf eine Zweidimensionalität, wie es die Hirnforscherin Susan Greenfield belegt. Der Mensch ist zwar intelligenter geworden, sagt sie, aber auch rücksichtsloser, waghalsiger und schnelllebiger. Das In-Beziehung-Setzen von Erfahrungen entfällt, weil keine Entwicklung mehr chronologisch durchlebt werden muss. Das Ich fühlt nur den augenblicklichen Thrill, den es sich beliebig oft aktualisieren kann. Denn alles ist umkehrbar, nichts hat eine Konsequenz: kein verpasstes Date, kein erschossener Soldat. Nicht so im echten Leben. Da gibt es keinen Reset-Knopf für zu viel gegessen oder zu viel ausgegeben. Zu viel geschlagen, oder zu wenig geliebt. Die wirkliche Wirklichkeit ist unumkehrbar.

Auch hier möchte ich klarstellen, dass ich die digitale Entwicklung nicht zurückdrehen will. Ich will nur nicht, dass der *mit*fühlende Mensch in ihr verschwindet. Dass die Freiheit, die sie für eine Handvoll eröffnet, für die Mehrheit zur Galeere wird. Auch ich bin, wie alle, täglich dankbar für diese Entwicklung. Sie ist eine große Bereicherung und Erleichterung in nahezu allen Lebensbereichen. Welch ein Segen, wenn ich nicht wochenlang auf ein Zeichen meines Kindes aus Lateinamerika warten muss! Welch eine Dynamik, wenn soziale Netzwerke innerhalb von nur ein paar Wochen Hunderttausende zum Widerstand mobilisieren. Wie jüngst in Ägypten, Libanon, Tunesien, Syrien, Libyen und Spanien geschehen. Und welch eine Zeitersparnis, dass ich die Manuskripte direkt und online ändern kann, ohne sie hin und herzuschicken und sie jedes Mal wieder neu abzutippen, wie noch vor zehn Jahren.

Und ich traue mich kaum, mir die nächsten zehn Jahre vorzustellen. Die Beschleunigung verändert die alltäglichen Abläufe derart sprunghaft, dass mir fast alles möglich erscheint.

Vielleicht werden die 3D-Drucker, die grade auf der Ars Electronica vorgestellt wurden, ja schon in Serie produziert, so dass sich in zehn Jahren jeder sein T-Shirt oder die Turnschuhe selbst designen und ausdrucken kann. Es ist nur noch eine Frage der Zeit, wann die passenden Materialen entwickelt sein werden.

Oder vielleicht ist der private Bereich dann auf eine Hütte mit Bett und Klo reduziert und der Dialog auf einen wortlosen Tastendruck ins Social Web. Möglich wäre es.

Auch dass die Menschen komplett auf das Reden verzichten, weil sie ja sowieso allein sind. Vielleicht wird es möglich sein, sich mit dem Internetzugang zusammen einen Sprachchip implantieren zu lassen, der die Gedanken dechiffriert und sie auf einem inneren

Bildschirm direkt online stellt, in jeder gewünschten Sprache und Tonart. Sodass man nicht mal mehr die Finger bewegen muss. Vielleicht wird das Alleinsein auch irgendwann Gesetz, als eine Art Artenschutzgesetz, damit sich der moderne Mensch nicht selbst auflöst. Dann bringen neue Sozialdienste das Besteck für die künstliche Befruchtung und das kalorienreduzierte Funktionsessen rund um die Uhr frei Haus. Damit die Menschen nicht massenhaft an Fettsucht sterben und sich die Lebenserwartung nicht ins Steinzeitniveau halbiert. Denn schon heute schafft es kaum die Hälfte der Bundesbürger, die medizinisch notwendigen 10 000 Schritte pro Tag abzulaufen oder die statistisch nötigen zwei Kinder zu gebären, damit die Population nicht schrumpft.

Vielleicht ist in zehn Jahren die Bürokratie komplett abgeschafft, und es wird nur noch in mobilen Produktionstrucks gearbeitet, die von einem Billigstandort zum nächsten weiterziehen, wie Jahrmärkte, um Steuern und Sozialabgaben zu umgehen. Und die Arbeitslosen stehen an den Straßen und unterbieten sich gegenseitig auf einer Art „Arbeiterstrich", wie es bereits heute bulgarische Tagelöhner in ihrer Not tun.

Vielleicht wäre das den Siegern von Davos noch immer zu unflexibel, und sie verlegen ihre On-Demand-Productions direkt in Raumschiffe, um Lager- und Vertriebskosten einzusparen. Und landen nur zum Be- und Entladen direkt auf Güterbahnhöfen oder auf Shoppingmalls.

Aber vielleicht sind das alles auch nur Hirngespinste einer Überbesorgten, und es kommt alles ganz anders.

Ich weiß es nicht.

Ich ahne nur, in welcher Dimension sich technische Entwicklung und ständige Verfügbarkeit auf unsere Psyche auswirken könnten, denn ich beobachte, dass die Zeitlosigkeit wie ein Serum in Geist und Gefühle sickert und uns verwandelt. Die Digitalisierung hat die Textur unserer Zivilisation verändert, unbemerkt und schmerzlos und in einer unfassbaren Geschwindigkeit! Wir sind Kinder einer Satellitenrevolution, die keiner von uns versteht, die aber jeder anwenden kann. Ein Analphabet genauso wie der Wissenschaftler, von dem die Nomaden in der Wüste ebenso profitieren wie der Astronaut auf dem Mond.

Google schafft sechs Millionen Antworten in 0,06 Sekunden! Auch wenn kein Mensch diese Informationsflut zu erfassen vermag, operativ nutzen kann sie mittlerweile jedes Kind.

Diese schnellste Welt suggeriert mit jedem Klick Freiheit und Gleichheit, aber ich bin sicher, dass die Ungleichheiten größer werden. Trotz der Option auf weltweite Bündnisse jeglicher Art.

Ich frage mich, ob dieses lose Netzwerk ohne Kontinuität die nötige *Ausdauer* und *Verbindlichkeit* für eine *gemeinsame Grunderneuerung* der *globalen Teilhabe* mobilisieren könnte. Oder ob ein gut bezahlter „Aufstockerjob" die Teilnehmer wieder zum Schweigen bringt.

Und ob es überhaupt jemals wieder ein Bedürfnis nach einem solidarischen System geben wird.

Wahrscheinlicher scheint mir, dass sich das Leben und die Bedingungen, wie gehabt, nur für eine Handvoll Menschen verbessern werden und dass es für den Rest der Mehrzahl so bleibt, wie es war. Wie es in den vergangenen Jahrhunderten immer gewesen ist. Wer weiß? Das folgende Gedicht entstand vor sechzig Jahren und erzählt von jener Mehrheit, die es wohl nie aufhören wird zu geben. Geschrieben hat es der türkische Poet Nazim Hikmet:

> Die Mehrzahl der Menschen reist Zwischendeck,
> fährt dritter Klasse,
> geht zu Fuß auf der Straße,
> die Mehrzahl der Menschen.

> Die Mehrzahl der Menschen arbeitet mit acht Jahren,
> mit zwanzig heiratet sie,
> mit vierzig stirbt sie,
> die Mehrzahl der Menschen.

> Abgesehen von der Mehrzahl der Menschen
> Reicht das Brot für alle,
> Reis auch,
> Zucker auch,
> Stoff auch,

Butter auch,
das reicht für alle,
nur nicht für die Mehrzahl der Menschen.

Kein Schatten ist auf der Erde der Mehrzahl der
Menschen,
kein Licht auf der Straße,
keine Scheibe im Fenster,
nur Hoffnung ist der Mehrzahl der Menschen
gegeben,
ohne Hoffnung könnte sie nicht leben.

Natürlich hat der Fortschritt auch für die *Mehrzahl der Menschen* großartige Vorteile erwirkt, wenn er sie erreicht hat und sie ihn sich leisten können.

Und dennoch scheint diese Zeit – die das Gedicht beschreibt – wie stehengeblieben für den *humanitären* Zustand von heute. Als wäre es gestern entstanden. Denn das Wesen der Aufteilung und der Teilhabe hat sich seitdem nicht grundlegend verbessert. Schlimmer noch, die „Wirtschaftspolitik hat sich von gefährlichen Mythen wie dem Ideal des freien Marktes blenden lassen und ist einer naiven Marktgläubigkeit verfallen." Sagt der Philosoph Richard David Precht. Und dessen Folgen haben die kriminellen Auswüchse wie Rinderwahn, Butterberge und Ekelfleisch schon längst überschritten und sich in Verbrechen an der Menschheit verwandelt: Überfischung, Waldsterben, Ozonloch, Tschernobyl, Fukushima, Atomenergie.

Am deutlichsten wird die Ungleichheit der technischen Vorteile an dem simplen Vergleich der Lebenszeiten:

Während sich die Lebenserwartung in der westlichen Welt fast verdoppelt hat auf knapp achtzig Jahre, blieb sie in Afrika nach wie vor bei 44,47 Jahren stehen. Und in Haiti liegt die durchschnittliche Lebenserwartung eines Menschen sogar bei unverstehbaren 29,93 Jahren. Die Hälfte der Menschen wird im Durchschnitt nicht einmal halb so alt wie ein Bewohner der westlichen Hemisphäre, weil sie noch immer kein sauberes Wasser haben und nicht genug Schatten, weil sie mit acht Jahren arbeiten müssen und nicht ausreichend Reis und Zucker finden, weil es weder Licht gibt in ihrer Straße noch einen Arzt oder eine Schule in ihrem Dorf.

Respekt
überwindet Fremdheit,
denn ein Ich wird man nicht allein.
Ein Ich braucht ein Gegenüber,
das antwortet.

Heimweh

„Ein Menschenwerk ist nichts anderes als ein langes Unterwegssein, um auf dem Umweg über die Kunst die zwei oder drei einfachen, großen Bilder wiederzufinden, denen sich das Herz ein erstes Mal erschlossen hat."

Albert Camus

Kein anderes Wort hat mich in meiner geistigen, emotionalen und politischen Entwicklung so stark beeinflusst und bestimmt wie das Wort *Respekt*. Mal war es mir Fernglas, mal Lupe. Mal Kompass, mal Haltegriff. Und manchmal ist es eine Kathedrale, in der ich Antworten zu finden hoffe, wenn es wieder einmal zu viel wird mit Worten wie „Hartz IV" – „Ein-Euro-Jobs" – „Zweiklassenmedizin" – „Armutsbericht" – „Selbstmordattentäter" – „Langzeitarbeitslose" oder „Integrationsverweigerer".

Warum das so war und immer noch ist, kann ich mir bis heute nicht schlüssig erklären. Vielleicht hatte Peter Ustinov Recht, als er sagte, er habe mit achtzehn dasselbe gedacht und geredet wie mit achtzig. Ich bin zwar noch keine achtzig Jahre, aber selbst halb so alt konnte ich bestätigen, dass ich mit Anfang zwanzig im Wesentlichen der Mensch war, der ich heute bin. Und dass sich die immer gleichen Fragen nach dem „Wer bin ich?", „Wer will ich sein?" und „Was ist der Sinn von allem?" zyklisch neu stellen. Anders eingebunden zwar, mit neuen Erfahrungen, die aus den jeweils neuen Situationen erwachsen. Jedoch immer mit einer Reise zurück verbunden, deren Anfang in den arglosen Kindertagen versteckt ist. Dorthin, wo das Fühlen begann, mit staunendem Blick. Ein Fühlen, das mit den Jahren zu einem Dickicht angewachsen ist, in dem sich die besonderen Begegnungen wie Nester ausbreiteten und aus dem sich die Sinnfragen täglich neu, bis heute, wie Blätter von den Ästen lösen, wenn ihre Zeit gekommen ist.

Ich weiß, dass ich schon sehr früh ahnte, dass das zum Beispiel mit der *Ausländerpolitik* nicht funktionieren konnte. Weil sich kein Politiker mit den Menschen um mich herum beschäftigte. Ich aber lebte ja das Innere der Migration. Ich kannte die Charakterstärke und den Willen meiner Eltern, für dieses Deutschland *gut* sein zu wollen, mit ihrer Arbeit und mit ihren gesellschaftlichen Pflichten, immer darauf bedacht, die Verletztheit über die Ablehnung nicht überhand nehmen zu lassen. Ich sah, wie sie litten und trotzdem täglich aufs Neue, ohne Zögern oder nachzulassen, wieder in das Deutsche eintauchten.

Ich erlebte in der Vorsicht meiner Eltern, die ein halbes Jahrhundert wie auf Zehenspitzen durch dieses Land gegangen sind, dass es in der Fremde *nichts Selbstverständliches* gibt. Keine Sorglosigkeit, kein Freisein im Alltag. Immer ist da ein Gefühl von Beobachtetsein – und die Furcht, dass der Entschluss, neu angefangen zu haben, den Sinn verliert, dass das „Zurückwollen" sich auflöst. Sicher kennen auch die meisten Einheimischen diese Gefühle. Ein Kölner in Bayern wird immer seinen Karneval vermissen. Wie der Norddeutsche sein Meer im Ruhrpott. Auch da bleibt ein heimliches *irgendwann Zurückwollen* in der Seele. Nur potenziert sich diese Anspannung bei Migranten durch die Drohgebärde des „Zurücksollens". Wobei beharrlich ignoriert wird, dass sich Einwanderer, mit besten Energien und Eigenschaften bestückt, auf den Weg gemacht haben: Sie sind ehrgeizig und stressresistent, unerschütterlich zukunftsorientiert und bereit, über das Niveau der Herkunft hinauszuwachsen.

Es sind Menschen in einem permanenten Prozess der Neuerfindung. Aber die meisten der in Deutschland oder in Europa Eingewanderten sind über das Ansehen eines Hilfsarbeiters nicht hinausgekommen. Im kulturellen Ranking bleiben sie eine Unterschicht von Dienstboten.

Auch dass Armut *nicht* die Schuld des Einzelnen ist, war mir schon als kleines Mädchen klar. Ich sah doch den Vergleich in den Sommerferien. Während ich hier in Deutschland zur Schule gehen durfte und musste, arbeiteten meine Cousinen auf den Feldern des anatolischen Dorfes ohne Licht, fließend Wasser und Kanalisation. Zum einen, weil es keine Schulpflicht gab, die gewollt und eingefordert wurde. Zum anderen, weil sie kein Geld hatten für Bücher, Hefte und Stifte, und zum dritten, weil das feudale System soziale Leistungen nicht vorsieht. Die Not der Menschen ist ihr Betriebssystem.

Und trotzdem misstraute ich den großen Reden hier über Gerechtigkeit und Menschenrechte, die ich, stumm neben meinem Vater sitzend, im Fernsehen sah. Obwohl es mir im Vergleich zu meinen Cousinen wirklich gut ging. So schien mir auch die Demokratie kein sicherer Schutz gegen politische Demütigung. Sie wirkte wackelig wie ein Baugerüst bei Sturm. Ich sah doch die zusammengeknüppelten Studenten, die gegen die bigotte Autorität der Nachkriegszeit auf die Straße gegangen waren. Sie hatten Recht, und ich sang ihre Lieder heimlich mit: „How many years can some people exist, before they're allowed to be free?"

Die Jungen wollten Mitbestimmung, die Alten bestanden auf Unterordnung. Die Jungen wollten Freiheit, die Alten bestanden auf Kontrolle. Die Jungen sehnten sich nach einer *sozialistischen* Welt, die Alten knüppelten sie mit der *kapitalistischen* Macht nieder. Die Jungen skandierten „das Persönliche ist politisch", die Alten antworteten „das Politische bestimmt das Persönliche".

„The answer, my friend, is blowin' in the wind."

Aber wenn man die Antwort den Winden überlässt, dachte ich, dann bleibt doch alles beim Alten?

„Why?" stand neben dem Foto eines sterbenden Soldaten in Vietnam, und die „demokratische Welt" antwortete mit noch mehr Napalmbomben.

„How many times must the cannonballs fly, before they're forever banned?"

Ich verstand nicht, wie man Kriegsverweigerern mit Berufsverbot drohen und andrerseits den Kalten Krieg unterstützen konnte.

Das alles passte nicht zu dem Lied, das wir im Schulchor gelernt hatten:

> Und sperrt man mich ein im finsteren Kerker,
> das alles sind rein vergebliche Werke.
> Denn meine Gedanken zerreißen die Schranken
> und Mauern entzwei, die Gedanken sind frei!

Die Antwort auf das sterbende „Why?" konnte doch nur *Menschlichkeit* heißen, dachte ich. „Respekt"! Nicht „Respektsperson". Die prügelnden Polizisten missbrauchten mein Gefühl von Respekt, sie eliminierten die Menschlichkeit. Wie konnte so etwas *Demokratie* genannt werden? Das war keine Herrschaft des Volkes!

Natürlich sagte ich nichts von alledem laut, mein Vater hätte es als dummes Kindergeschwätz abgetan, obwohl er selbst immer den Kopf schüttelte während der Nachrichten. Aber meine Antwort auf alle Whys dieser Welt stand schon ziemlich früh fest, ich hatte es von den Studenten übernommen: Make love not war!

Ich weiß nicht, ob ein pubertierendes Mädchen hätte auch etwas anderes denken können, wenn sie nur das moralische Konzept ihrer Eltern kennt, das *Anstand* als höchste Tugend vorsieht. Und *Saygi*, auf Deutsch Respekt, zur bedingungslosen Voraussetzung jeder Beziehung macht. Allerdings im Sinne von Unterwerfung. Auch wenn ich damals vor Wut getobt habe, dass meine Eltern mir keine andere Wahl ließen, als mich ihren tausend Tabus zu beugen, so bin ich heute froh über den geistigen Drill mit Kant und Koran. Ein tabuloses Ethos ist für mich nicht denkbar.

Auch die Rückschau auf meine bisherige Arbeit zeigt, dass sich seit meinen Anfängen nicht wirklich viel verändert hat, außer dass ich mich jedes Mal um ein neues Argument bemüht habe.

Begonnen hat es 1981 mit dem Bühnenprogramm „... aber es kamen Menschen!" Danach folgten unter anderem „Über Liebe, Götter und Rasenmähn" und „Die Hände meiner Mutter".

Dann schließlich „RESPEKT" im Kölner E-Werk, ein Versuch, das menschlich Verbindende trotz unterschiedlicher Lebensmodelle, Sparten übergreifend darzustellen, mit Schauspiel, modernem Tanz, klassischer Musik und einer Videoinstallation.

Denn *Respekt* war nie nur ein Wort für mich, sondern immer auch ein Gefühl – etwas, das bis in die Seele des Menschen reicht, während Toleranz bereits vor der Haustür kehrtmacht.

Natürlich macht dieser Rückblick nur *eine* Tonspur im Soundtrack der Suche spürbar, trotzdem wird deutlich, dass es eine Architektur des Verstehens gibt, die durch das Tun sichtbar wird. Nicht gleich erkennbar, leider, sondern erst zeitversetzt, mitunter erst nach Jahrzehnten. Und selbst dann wird häufig nur die Binnenlogik deutlich, *wie* sich das Verstehen entwickelte, aber nicht dessen Alchemie, das *Warum* der Einsicht. Warum denke ich das, was ich denke? Warum bin ich die, die ich bin?

Und schon beginnt die empirische Ausgrabung von neuem.

Obwohl das Betrachten mit zeitlichem Abstand nicht „alle Wunden heilt", wie der Volksmund gern behauptet, so ist die Zeit doch ein nützliches Korrektiv. Sie verwischt den Druck der damaligen Not, macht ihren wirren Aktionismus nachvollziehbar. Erklärt ein wenig, warum ich alte Kinderfotos aus überfüllten Kartons zusammensuche, sie neugerahmt auf die Fensterbank stelle. Zu denen von heute mit meiner Tochter. Zeigt, wie anders Kinderfotos von heute sind – und wie ähnlich. Ich halte meine Neugeborene genau wie meine Mutter mich gehalten hat, und meine Tochter versucht sich in ihrer Pubertät hinter anderen zu verstecken, genau wie ich es getan habe.

Plötzlich entwickeln die abgegriffenen Bilder der Kindheit neue Autorität und fordern zum genauen Hinsehen auf. Und ich tue es, ich sehe sie an von meinem Schreibtisch aus, als säße ich am gegenüberliegenden Ufer. Betrachte sie wie Archäologen ihre Fundstücke, bis die Fernsicht allmählich übergeht in ein Sich-selbst-Sehen. Bis ein einziger Schnappschuss das Sumpfgewordene jener Zeit entstaut, wieder durch-atmen lässt.

Alte Bilder anzusehen ist wie ein langes Schlafen. Ich fühle mich erholt und neu. Ich aktualisiere die Erinne-rung und entdecke im selben Atemzug eine neue. Ein Ritual, das mich fasziniert wie das Aufstellen des all-jährlichen Weihnachtsbaums. Noch nie hatte ich zwei-mal den gleichen Baum, weder im Wuchs noch in der Dekoration. Aber jedes Mal ist es dasselbe Tun und gleichzeitig ein völlig neues Gefühl. Und so finde ich mit jedem neuen Umblättern in der alten Zeit neue Lichtschalter in längst bekannten Räumen, entdecke neue Türen, stelle neue Fragen.
    Eine ewige Grenzüberschreitung, ohne die es weder den träumenden noch den politischen Menschen gäbe.

Ich sehe, wie die Zeit Körper und Haltung verwandelt. Wie ein nervöses, unruhiges Kind lernt auszuhalten und zu ertragen, dass das Werden kein Direktflug ist zwischen dem ersten Schrei und dem letzten Wort. Sondern eine ratternde Regionalbahn, bei der man obendrein noch sehr oft umsteigen muss. Im wörtli-chen wie im übertragenen Sinn.

Ich sehe, auf wie vielen Bahnhöfen ich warten musste, warten darauf, wann wohl das nächste Angebot kommt, wann die nächste Liebe? Allmählich lerne ich zu akzeptieren, dass Arbeit und Beziehungen ein ganz anderes Zeitkonzept verfolgen, als ich es brauche. Trotzdem habe ich gewartet, wie alle anderen auch, oft noch viel länger, bis es irgendwann und irgendwie weiterging. Im wörtlichen wie im übertragenen Sinn.

Doch ich hatte auch Glück. Ich fand den entscheidenden Wegweiser an der Weggabelung zur Ausbildung. Und der zeigte auf die Schauspielschule. Dort lernte ich eine völlig neue Dimension des Verstehens kennen. Lernte, dass die wirren Gefühle einem Urgesetz der Kontinuität folgen, demzufolge jeder neue Bewusstseinsmoment nur aus einem vorausgegangenen Bewusstseinsmoment entsteht. Der wie Wasser ständig Farbe, Form und Zustand wechselt.

Und weil das neuerliche Umblättern und die neuen „Warums" ein Bühnenprogramm sprengen würden, habe ich mich diesmal an den Schreibtisch gesetzt, um schreibend nach Antworten zu suchen. Wieder einmal, um zu *verstehen*, welche Einflüsse *warum* so prägend waren, zu verstehen, warum das passiert, was passiert. Und warum es mich derart ängstigt. Dabei gibt es für mich keinen Unterschied zwischen Buch und Bühne. Es ist mir nur wichtig, nicht allein zu sein in diesem Prozess, sondern in der Gemeinschaft mit

anderen zusammen, weil es mir „ein Heimatgefühl"
gibt, wie Hannah Arendt sagt.

Auch diesmal bin ich wieder an denselben Bildern
hängengeblieben, die ich schon aus meinen früheren
Arbeiten kenne. Und trotzdem schimmern aus denselben Erinnerungen unerwartet neue Fragen, wie unbe-
rührt und noch nicht gesehen. Als würde sich das
Verstehen mit dem Älterwerden erneuern, entdecke ich
übersehene Gefühle in längst abgelaufenen Gedanken,
deren Geheimnisse noch immer in den Kinderbildern
verborgen sind. So wie das Geheimnis eines Baumes in
seinem Samen versteckt ist.

Und plötzlich wird ein längst vergangenes Vorhanden-
sein wieder lebendig. Da bin ich die zahnlose Dreijäh-
rige und rieche das hautweiche Kopftuch meiner Oma
und spüre die endlose Hand meiner Mutter auf meiner
Stirn.

Höre als Zwölfjährige mit unbequemem ersten BH
das Klacken des Stempels im Ordnungsamt, wenn unsere Aufenthaltserlaubnis um weitere fünf Jahre ver-
längert wird, schmecke das erste Schweinewürstchen
mit meiner strohblonden Freundin Evelyn auf dem ei-
sigen Weihnachtsmarkt in Hannover.

Ein neues Abtasten in Zeitlupe beginnt, durch helle
und lichtlose Ecken. Weniger als Bilanz, eher als In-
ventur. Ja, es gibt eine Kontinuität, trotz traditioneller

und geografischer Brüche. Keine Entwicklung ist monothematisch oder monokausal. Und das, was wir Kultur nennen, ist der große Klang aller Erfahrungen, und Erlebnisse sind kein Klumpen Lehm, den man beliebig formen kann. Das Werden ist wie eine Symphonie aus den Klängen einer Vielzahl verschiedener Instrumente und Musiker, die sich permanent und nahtlos miteinander verbinden, um sich augenblicklich und lückenlos weiter zu ändern.

So sehr ich das Verstehen für meinen inneren Frieden brauche, bin ich mir trotzdem nicht sicher, ob man überhaupt alles verstehen sollte. Besonders, wenn ich versuche, Situationen nachzuvollziehen, in denen ich gescheitert bin, wächst in mir eine tiefe Scham darüber, dass ich nicht in der Lage gewesen war, es besser zu tun.

Vielleicht *kann* man sowieso nicht alles verstehen. Vielleicht ist dieser vielschichtige Prozess des Verstehens nicht mehr als ein „Knoten von Ursachen ohne Lösungen", wie Nietzsche sagt. Ein alchemistischer Cocktail aus Sprache, Augenblick, Intuition und neuronaler Mechanik. Ich weiß es nicht. Aber ich will es dennoch immer wieder versuchen.

Eines der großen Bilder meiner Erinnerung ist eigentlich keine echte Erinnerung, denn ich erinnere mich nicht im eigentlichen Sinn. Dennoch wünsche ich mich zurück in die Zeit, nur um wieder eine Mutter zu haben.

Auf dem querformatigen Bild liege ich, noch ganz neu auf der Welt und vielleicht zwei Handspannen groß, in den Armen einer schönen jungen Frau, meiner Mutter, die mit leicht geneigtem Kopf zwischen meinem jungen Vater und seiner damals pubertierenden Schwester saß. Es ist Sommer in Ankara, das Licht blendet alle, alle ziehen die Augen zusammen, und ich rudere mit kleinen Fäusten. Wir sind hell gekleidet, nur die Schuhe und die Fensterrahmen setzen sich dunkel ab. Es ist ein Schwarzweiß-Foto aus dem Jahre 1955, ein kartonartiges Papier mit geriffeltem Rand, wie es heute noch das Tortenpapier ziert.

Alles scheint so friedlich und frei zu sein, so sicher und satt. Aber jedes Mal, wenn ich das Bild ansah, störte mich etwas an dieser sommerlichen Harmonie. Jedes Mal blieb mein Blick an den kleinen Fäusten hängen, die nicht in dieses friedliche Stillleben hineinpassen wollten. Sie signalisierten etwas Unfreies und Ängstliches. Und noch in der Grundschule fragte ich meine Mutter: Warum haben Babys Fäuste?

Die Antwort darauf erfuhr ich Jahrzehnte später, in lebensechten Farben und dreitausend Kilometer entfernt von dem Ort, an dem meine schwarzweiße Erinnerung wohnte.

Es war auf der Entbindungsstation der städtischen Kliniken in Köln. Ich hatte eine Tochter bekommen, die gesund war und satt, die geliebt und versorgt wurde, die aber trotzdem – wie ich auf dem Foto von

1955 und wie alle anderen Säuglinge auf der Station der Klinik – ihre Hände immer nur kurz öffnete, um sie dann sofort wieder zu Fäusten zu krümmen. Aber sobald sie etwas zu fassen bekam, krallte sie sich mit einer solchen Kraft daran fest, dass sie nur schwer davon zu trennen war: von meinen Haaren oder Fingern oder von den Kitteln der Schwestern. Und noch in der Sekunde, in der sie etwas zu fassen bekam, veränderte sich das zappelnde Bündel von einem brettharten Muskelpaket zu einem anschmiegsamen Wunderwesen Mensch. Von einer Sekunde auf die andere, als hätte man einen Schalter umgedreht, atmete sie regelmäßig und tief, wurde weich und lag wie hingegossen in meinem Arm. Was sich aber sofort wieder zurückverwandelte in der Sekunde der Trennung, wieder so, als hätte man am Schalter gedreht, streckte sich der kleine Körper in die Totalanspannung, und wieder krümmte mein Kind ihre kleinen Finger zu Fäusten, die sie von sich wegstreckte wie Fühler.

Ich war verunsichert und fand keine Erklärung. Denn sie tat das durchgehend, egal, ob sie satt war oder Hunger hatte. Sobald sie etwas zu fassen bekam, war sie entspannt, und wenn sie loslassen musste, machte sie Fäuste.

Ob sich neugeborene Jungs wohl anders verhalten, fragte ich mich und setzte mich vor das Fenster des Säuglingszimmers.

Aber auch die Jungs hatten Fäuste, genauso wie all die anderen Babys, die in winzigen Glasbetten den ganzen Raum füllten. Da lagen deutsche, italienische, arabische, kurdische, asiatische und kreuz und quer gemischte kleine Menschen und ruderten mit ihren Fäusten in der Luft herum. Kein Säugling ließ die Hände offen, alle krümmten ihre Finger in die Handflächen, mal fester, mal nur ansatzweise, je nachdem, ob sie schrien oder schliefen.

Mir schien, als hätten sie ein Geheimnis. Ich fragte den Arzt und war erstaunt über seine Antwort:

„Das ist ein Urreflex", sagte er, „aus der Zeit, als wir noch Affen waren. Denn am Anfang war nicht das Wort, sondern der *Halt*. Der Griff ins Fell." Welch ein Geheimnis, dachte ich. Der Griff ins Fell sucht keine Nahrung. Es sucht *einen Halt*. Ein Neugeborenes ist *nicht hungrig*, wenn es das Weltlicht sieht. Es hat *Angst*. Die Hände krallen sich fest aus Angst, *fallen gelassen* zu werden. Zuerst will der Mensch dazugehören, und erst danach versorgt werden. Würde er als Egoist geboren, wäre er durch die bloße Berührung nicht zu beruhigen, sondern erst nach einer Schüssel Muttermilch. Sobald der Mensch abgenabelt ist, hat er Angst. Eine Angst, die es offensichtlich davor nicht gab, denn die Ultraschallbilder zeigen die Ungeborenen mit stets geöffneten Händen.

Jedes Schulkind weiß heute, dass unser Verhalten aufgeteilt ist in angeborene und erlernte Anteile. Dass es eine Gesellschaft gibt und ein Individuum und dass trotz Wohlstand und Aufklärung kein Krieg verhindert wurde. Aber warum lernen sie nicht, wie das alles zusammenhängt? Warum wissen sie nichts von der menschlichen *Urangst*, ihrer eigenen Urangst, und werden zugetextet mit Predigten von der Erbsünde, die sie noch ängstlicher machen? Warum werden sie trainiert, Ängste zu umgehen? Warum nicht, sie auszusprechen und mit ihnen umzugehen? So viel Not würde erst gar nicht entstehen!

Wie einfach ist es zu erklären: Wir werden geboren mit der Suche nach einem Halt, lernen allmählich sprechen und gehen, stellen Fragen, finden Wege, lernen Hände und Geist zu öffnen und *Ich* zu sagen. Bis zu jener Wende, wo das *Verstehen* beginnt. Dieser Zeitpunkt ist individuell sehr verschieden. Wenn die Arglosigkeit anfängt zu bröckeln und Scham die Finger wieder nach Innen krümmt. Obwohl das Verlangen nach Halt proportional zum Alter wächst. Nur im Tod öffnen sich die Hände wieder.

„I got to have a little respect. Find out what it means to me."

Vielleicht meint Respekt den Ort, der frei ist vom Faustwerden. Und so wie Kinder den Ausgangspunkt suchen, wenn sie sich verirrt haben, schwingt im Verlangen nach Gleichrangigkeit das Heimweh nach dem Ursprung mit, als es noch einen gefühlten Halt gab. Denn weder die Ghettokids noch die Armen drohen mit der Faust, wenn sie Respekt einfordern. Sie strecken den Arm aus mit offener Hand, als wollten sie Regentropfen auffangen.

Vor Jahren fragte eine Journalistin meine Mutter aus mir unverständlichen Gründen, ob sie mich denn *lieben* würde.

„Selbstverständlich!", antwortete sie in ihrer unnachahmlichen Direktheit. „Ich habe meine Tochter nie hungern und frieren lassen. Sie war immer sauber angezogen, und ich war immer für sie da."

„Ist das Liebe?", hakte die verdutzte junge Frau nach. Und meine fünfundsiebzigjährige Mutter antwortete mit geradem Rücken: „Was nützen einem Kind große Worte, wenn es nicht spürt, dass es beschützt wird, und nicht weiß, wohin es gehört!"

Die Analphabetin hatte in einem knappen Satz eine Selbstverständlichkeit ausgedrückt, für die die Psychologie eine eigene Disziplin braucht: die Bindungstheorie. Wonach sich bei Mangel an emotionaler Sicherheit irreversible Verzerrungen im Wesen entwickeln. Sowohl bei Säuglingen als auch bei Erwachsenen.

Für meine Mutter war Liebe kein Wunder, sondern etwas Solides und Handfestes, wie gemeinsam essen, reisen, im Fotoalbum blättern und dabei türkischen Tee trinken. Im Gegensatz zu meinem Vater, der seine Zerrissenheit besser mit der Heisenbergschen Unschärferelation erklären konnte, blieb meine Mutter selbst im tiefsten Kummer schlicht: „Könntet ihr nur einen

Tag in meinen Schuhen gehen, nur einen Tag mit meinen Augen sehen, dann würdet ihr verstehen", sagte sie mit müden Augen. Sie wusste nicht, dass Erich Fromm jahrzehntelang just über diesen Perspektivwechsel als Voraussetzung von *Liebe* und *Respekt* geforscht hatte.

* * * * *

Das nächste Foto ist in Farbe und in Deutschland aufgenommen. Es zeigt einen Abschied. Ich bin etwa fünfzehn oder sechzehn Jahre alt und stehe mit meiner Schwester, meinen Eltern und einem Ehepaar, das zu Besuch war, vor deren Auto. Es muss Spätsommer sein, die Erwachsenen haben Jacken an, während meine Schwester und ich nur in kurzärmligen karierten Blusen und Schlaghosen zu sehen sind. Obwohl ich nicht durch andere verdeckt bin, wirke ich dennoch wie versteckt, den Körper leicht nach innen gekrümmt, als wollte ich mich unsichtbar machen, den Kopf und den Blick gesenkt und dennoch die Haare leicht aus dem Gesicht zur Seite schiebend. Um vielleicht doch irgendwie wahrgenommen zu werden.

Ich weiß, dass ich zu diesem Zeitpunkt mitten in der Pubertät war, diesem glasigen Persönlichkeitsvakuum, wo nichts so ist, wie es sein sollte. Wo nichts richtig ist und alles falsch. Wo alles Wirkliche verschwimmt in eine Absurdität. Irgendwie spürte ich, dass ich noch schlimmer dran war als meine Mitschülerinnen. Denn ich wollte nicht nur nicht *die* sein, die ich war, sondern ich hatte nicht die geringste Ahnung, ob ich überhaupt je *irgendetwas oder irgendjemand* sein würde. Wir wären ja in dieser Zeit, in der ich ein *Jemand* sein müsste, nicht mehr hier in Deutschland. So war zu dem Zeitpunkt noch die Planung meiner Eltern. Sie wollten nach dem Abitur der Kinder zurückgehen. Ich hatte Angst vor diesem Zurück. Dreitausend Kilometer weg von denen, die ich kannte, die jetzt nur drei, vier Haltestellen entfernt wohnten. *Wo wäre ich in der Zukunft meiner Eltern? Und wer* könnte ich dort werden? *Und mit* wem?

Am liebsten wäre ich abgehauen aus diesem Interimszustand, wusste aber keine andere Zuflucht. Ich beneidete die Hippies um ihre Freiheit, hielt aber in größter Treue zu meiner vierköpfigen Enklave und den Aufgaben, die mir aufgetragen waren. *Anständig zu sein* und *fleißig* in der Schule, *nicht zu lügen* und *nicht zu stehlen, niemandem weh zu tun, die Wohnung sauber zu halten* und auf *meine Schwester aufzupassen.*

Und wie alle pubertierende Mädchen war auch ich völlig überfordert von solchen Aufgabenlisten der Eltern und zog mich in jeder freien Minute auf die breite Fensterbank in der Küche zurück, saß dort stundenlang, wie ausgestopft, und stierte vom dritten Stock aus auf die Kreuzung vor unserer Haustür: zwei Hauptstraßen, die ein großes T bildeten, wovon die obere Straße von Straßenbahnschienen geteilt wurde. Mit einer Haltestelle, vier Ampeln und einer Imbissbude.

Stumpf, ohne Absicht oder Ziel beobachtete ich die permanente Verwandlung des immer gleichen Bildes durch immer neue Vorübergehende. Ich nahm sie auf – wie eine Kamera ohne Ton, aber in Farbe und Cinemaskop. Das Vorübergehende faszinierte. Es schien eine übergeordnete Formel für das Mosaik Mensch zu geben. Als wäre es Absicht, dass er ewig auf andere zugehen muss, um dann unbemerkt weiterzuziehen.

Ich sammelte all ihre verpassten Möglichkeiten, wie andere Briemarken, in meinem inneren Archiv. Ohne zu wissen, wozu. Schließlich musste der Mensch ja etwas tun. Faul in der Ecke rumsitzen sei eine Sünde, sagte meine Mutter. Damit begründete sie ihre zahllosen Spitzendecken, an denen sie in jeder freien Minute weiterhäkelte, anstatt sich wirklich auszuruhen von der Mehrfachbelastung einer berufstätigen Frau.

Also tat ich auch etwas. Ich saß nicht nur auf der Fensterbank, sondern beobachtete akribisch genau, was die da unten trieben oder von wem sie getrieben wurden. Mir schien, als schrieben sich die Menschen in den Asphalt hinein, wie in ein endloses Kreuzworträtsel. Jeder war voller Gedanken und Absichten, aber ich sah weder eine Auflösung noch ein Ende. Und täglich fing es von vorne an. Also sah ich genau hin, ob und was sich änderte am Zustand derer, die ich kannte, und *wie* anders die Unbekannten waren.

Da trödelten müde Kinder auf dem Weg zur Schule vorbei an Aktenträgern mit Krawatte und blanken Schuhen, die auf die Bahn in die Stadt warteten. So wie auch mein Vater jeden Morgen warten musste. Derweil eilte schon die alkoholkranke Frau des Müllfahrers mit schnellen, kurzen Schritten zum Supermarkt um die Ecke, um ihre Tagesration an Schnaps und Zigaretten zu holen. Ungerührt von diesem jämmerlichen Anblick, überquerten mehrere adrette Frauen mit festgesprayten Haaren die Straße zur Haltestelle. Vielleicht Verkäuferinnen oder Arzthelferinnen, dachte ich, könnten aber auch Schneiderinnen sein wie meine Mutter, die größten Wert auf korrekte Kleidung legte. Parallel zu alldem zog unaufhörlich die Karawane von Autos, Bussen und Lkw ihre Bahnen, mal stadteinwärts, mal stadtauswärts.

Alles war in einer zügigen Bewegung, die aber nie gehetzt wirkte, sondern so, als hätte jeder einen reservierten Sitzplatz, um den er weder kämpfen noch drängeln muss. Nichts war lauter, als es ein musste – im Gegensatz zu den Kreuzungen in Istanbul oder Ankara, wo eine Kakophonie aus Dauergehupe und Marktschreier nicht eine Sekunde Stille zulässt. Wo keine Ampel irgendwen aufhalten kann, wo alle in Wege und Gassen drängeln, wie in Busse mit freier Platzwahl. Ich fragte mich, warum sich wohl die Einen *so* und die Anderen *anders* verhalten. Obwohl es doch auch bei reservierten Sitzen nicht nur gute Plätze gab, schien das Wissen um einen sicheren Ort zu beruhigen.

An meiner Kreuzung lief alles wie eine organisierte Reise ab. Die vier Ampeln dirigierten die Bewegungen in regelmäßigem Rhythmus, und die Menschen bewegten sich in deren Taktung.

Die wasserstoffblonde Besitzerin der Imbissbude kam mal spät, mal gar nicht. Und manchmal war sie bester Laune und flirtete mit den jungen Soldaten von der nahegelegenen Kaserne, die sich im Winter bei ihr aufwärmten, mit Glühwein und Pommes in Rotweiß. Einige der Vorübergehenden mochte ich, obwohl ich sie kaum kannte, wie den alten Seefahrer mit verblassten Tätowierungen. Er fragte fast jeden: „Na, wie geht's?" Und hörte interessiert den Antworten zu. Im Gegensatz zu unserem Nachbarn, der neben meinem Vater der zweite türkische Angestellte bei der Stadtverwaltung war, mit *Anspruch* auf eine Wohnung in „unserer" gelben Backsteinsiedlung nur für städtische Angestellte. Er war Architekt, der sich für etwas Besonderes hielt und der bei jeder Begegnung mit anderen das Gesicht verzog, als sei er angeekelt von der akademischen Ungleichheit der Wohnungsberechtigten.

Die Fensterbank war ein guter Ort für mich. Selbst mit großem Abstand betrachtet, kann ich mir keinen besseren Ort für meine damalige Befindlichkeit vorstellen. Ich trieb in einem Identitätsvakuum, und diese fünfzigmal hundert Zentimeter große, hellgrau beschichtete Arbeitsplatte am Küchenfenster war mir Nest und Leuchtturm, ein grenzenloser Ort.

Da es bei uns nicht üblich war, sich mit sich selbst zu beschäftigen oder über Gefühle zu reden, holte ich mir die Anderen zu mir herauf, in mich hinein. Eine unerschöpfliche Energiequelle, die einer ahnungslosen Pubertierenden kreative Nahrung gab.

Das Vorübergehende wurde mir zum Geländer und zur Bibliothek. Das Fenster als real existierender Flatscreen. Und ich verbrachte ähnlich viel Zeit davor wie die Jugendlichen heute vor ihren Bildschirmen, nur mit dem fundamentalen Unterschied der Raum-Zeit-Kontinuität. Lernte, dass das Leben keine Stopptaste kennt. Obwohl ich gern eine gehabt hätte, um das Abitur und die drohende Rückreise weiter nach hinten zu schieben.

Das „Vorübergehende" wurde mein Wort. Es war wie ich, hatte zwar eine Herkunft und irgendeine imaginäre Zukunft, aber das Jetzt war ohne Bleibe, unbenutzte, leere Zeit. Es verwischte Übergänge und Abstände. Was vorüber war, war vergangen, und das Kommende machte das Jetzt erträglich. So lernte ich mich im Vorübergehenden einzurichten, ohne Forderungen an mich oder Andere zu stellen.

Ich sah keinen Unterschied zwischen gestern und heute, zwischen denen da draußen und uns: Sie alle machten dasselbe wie wir, auch wenn sie einen anderen Pass trugen. Sie gingen zur Arbeit, verdienten Geld, um zu überleben, ihre Kinder gingen in Schulen für ein bessere Zukunft, so wie wir. Meine Mandelentzündung tat mir genauso weh wie meiner Freundin die ihre. Bei Kälte hatten alle Warmes an, bei Regen wollte keiner nass werden. Wir waren uns ähnlicher, als wir es ahnten, aber danach fragte kein Vorübergehender.

Einige kamen nicht mehr wieder, darunter waren Verbrecher, wie der Müllfahrer, der, wie ich erst viel später erfuhr, seine älteste Tochter über Jahre missbraucht hat. Zwei Frauen und ein Mann starben nacheinander an ihrer Alkoholsucht. Ein Zwölfjähriger wurde an der Kreuzung von den Hinterrädern eines Lkw überrollt, eine dreifache Mutter erlitt während des Putzens einen Hirnschlag. Andere kamen neu hinzu. Die Friseuse von der anderen Straßenseite heiratete und bekam eine Tochter, und die Frau aus dem Erdgeschoss wurde Großmutter.

Das Vorübergehende wurde mein Lieblingszustand. Ein permanenter Übergang, lauter Hängebrücken zwischen sich ständig wiederholenden Fragen:

Was die wohl alle machen? Wie alt die wohl sind? Ob sie Verwandte haben? Wie sie wohl leben? Ob sie auch Kinder haben? Und: Wie die wohl alle heißen? Diese Frage schien mir die wichtigste von allen zu sein. Denn ein Name machte lebendig, selbst Plastikpuppen und Plüschtiere schienen zu antworten, wenn man ihnen einen Namen gab. Außerdem machte es mich traurig, dass sich meine Eltern nie mit Namen ansprachen, so wie die Eltern meiner Freundin. Das sei nicht üblich bei den Tscherkessen, sagten sie. Und ich fragte nicht weiter. Mir dagegen war es sehr wichtig, meinen Namen zu hören. Denn wer ihn kennt, der hat auch einen Platz für mich, dachte ich. Für den hatte ich eine Bedeutung. Wie ich es in der Schlussszene der „Zwölf Geschworenen" gesehen hatte. Einer der vielen, alten amerikanischen Pflichtfilme, den ich, still neben meinem Vater sitzend, ansehen musste.

Henry Fonda spielte einen der Geschworenen, der als Erster, und lange Zeit auch als Einziger, die Schuld des jungen Angeklagten anzweifelt. Der trotz Drängen und Druck der Anderen nicht nachlässt, akribisch nach den Details zu fragen. Nach den genauen Umständen, Gegebenheiten und Motiven. Denn solange es *berechtigte Zweifel* an der Schuld gibt, darf kein Urteil gesprochen werden. Zunächst ist der Rest der namenlosen, in Nummern aufgeteilten Jurymitglieder wütend über die ihrer Meinung nach sinnlose Verzögerung. Einige wollen in ihr Geschäft zurück, ein anderer zu einem Footballmatch, ein weiterer kompensiert im Schuldspruch sein eigenes Scheitern in der Beziehung zu seinem Sohn. Aber nach und nach erreicht der Zweifel jeden Einzelnen, worauf sie dann gemeinsam beginnen, den Blickwinkel zu ändern. Sie steigen ein in das Geschehen im Haus an den Gleisen, in die Schuhe des alten, gehbehinderten Nachbarn, ob er überhaupt schnell genug an der Tür hätte sein können, um den Jungen weglaufen zu sehen. Sie steigen ein in den Blick der Frau von gegenüber, ob sie bei diesen Lichtverhältnissen ohne Brille hätte irgendetwas erkennen können, geschweige denn Tathergang. Diese neue Beweisaufnahme zieht sich über Stunden hin, bis schließlich das anfängliche Pauschalurteil kippt und es klar wird, dass der Junge nicht der Mörder sein kann. Dann wird der Entschluss dem Gerichtsdiener übergeben, und die Nummern gehen irgendwie auseinander, verteilen sich schon auf den Stufen hinaus in verschiedene Windrichtungen. Bis auf Henry Fonda, Geschworener Nr. 8, und dem ältesten Beteiligten, Nr. 9, ge-

spielt von Joseph Sweeney, der ihm als Erster zuge-
stimmt hatte. Kurz bevor er die Straße überqueren will,
dreht er sich um, geht zurück zu Nr. 8 und fragt ihn, ob
er seinen Namen kennen dürfe. Fonda stellt sich vor,
darauf sagt Nr. 9 seinen Namen, sie geben sich die
Hände, lächeln und gehen auseinander wie Vertraute,
die sich irgendwann wiedersehen werden.

Obwohl ich nicht die ganze Dimension dieses großartigen Films begriffen hatte, ist mir diese letzte Szene
unvergesslich. Denn mir wurde plötzlich klar: *Um sich
kennenzulernen, muss man stehenbleiben. Und um
sich wiederzusehen, braucht man den Namen.* Lange
Zeit habe ich gedacht, dass der Film zum Schluss far-
big geworden ist.

* * * * *

Das dritte Foto, das ich aus dem Durcheinander sortiert und eingerahmt habe, ist ein Sommerschnappschuss aus dem zweiten Studienjahr. Es zeigt eine Pause am vorletzten Tag des Clowns Workshops mit dem großartigen Lehrer Pierre Byland. Aufgenommen auf der Wiese vor der Schauspielschule. Es muss sehr heiß sein, einige liegen die Beine von sich gestreckt, andere sind auf den Arm aufgestützt, ich sitze im Schneidersitz, das rotweißgestreifte Shirt hängt über der rechten Schulter, die rote, runde Nase an der Stirn. Ich erinnere mich, dass ich an diesem Tag sehr glücklich war, denn ich hatte ein außergewöhnliches Lob bekommen. Für einen Schauspieler ein sehr besonderes Lob. Byland hatte mich nach einer Improvisation umarmt und gesagt: „Du warst komplett da! Du warst frei!"

Endlich. Ich schämte mich bereits, dass ich fast zwei Wochen dazu gebraucht hatte, und freute mich tränenüberströmt, dass er es gesehen hatte. Denn gerade die rote Clownsnase verführt zu Versteckspiel und Klischees. Aber Bylands Auge war unbestechlich. Er entlarvte jeden Vertuschungsversuch. So auch meinen. Ich kämpfte mit der Plastiknase im Gesicht und der überzogenen Verkleidung, produzierte falsche Töne und künstliche Spielereien. Statt erst einmal zu akzeptieren, was gegeben ist, und mich auf das unwohle Gefühl einzulassen, versuchte ich, das Unbehagen zu vertuschen. Und jedes Mal tat die Kritik weh: Ich sei nicht auf dem Punkt. Das hieß, ich war nicht echt! Ich

bekam Schweißausbrüche, wenn ich auf die Spielfläche gehen musste, und zog mit jeder neuen Verunsicherung die nächste Mauer um mich. Bis ich an diesem vorletzten Tag meine Blockade endlich loslassen
konnte. Ich war an einem Punkt, wo ich nicht mehr
weiterwusste, und ging aber trotzdem auf die Spielfläche, setzte mich auf die Bank, die Byland hingestellt
hatte.

Ich setzte mich in die Mitte, ohne mich anzulehnen,
die Arme locker auf den Knien, völlig absichtslos, wie
auf meiner Fensterbank, und sah die anderen Work-
shop-Teilnehmer an. Jeder konnte sehen, dass ich
keine Ahnung hatte in diesem Moment, dass ich nichts
wusste und nichts konnte. Ich saß nur da und wollte
nichts mehr vortäuschen. Für Sekunden tat das fast
genauso weh wie die Kritik der letzten zwei Wochen,
aber schon nach ein paar Atemzügen wurde ich ruhig,
hörte auf zu schwitzen und landete in einem wohligen
Jetzt: Da saß ein schmales Mädchen auf einer Holz-
bank, die langen Haare hochgebunden, mit einer roten
Plastiknase im Gesicht, einem übergroßen, rotweißge-
streiften Ringelshirt, die nackten Füße in viel zu großen Schuhen, die knapp über dem Boden schleiften.
Sie saß da, sah neugierig auf die Leute, die ihrerseits
das Mädchen auf der Bank beobachteten. Was würde
wohl geschehen? – Nichts geschah. Alle waren einver-
standen mit dem Nichts und gelöst. Jeder war frei, in
jeder Sekunde die Situation zu ändern. Aber sie zogen
es vor, diese Freiheit nur zu genießen. Und die Clow-

nin saß da, atmete und schien zufrieden, als wäre die Kostümierung eine Selbstverständlichkeit. So ging das eine ganze Weile, bis sich plötzlich ein Lachen löste und alle anderen mitnahm. Ich war komisch geworden in meiner ahnungslosen Ehrlichkeit. Endlich. Und das Lachen war mein Lohn. Als Byland die Improvisation beendete, war eine halbe Stunde vergangen. Eine ungewöhnlich lange Zeit für diese Art von Übung.

Danach gingen wir in die Pause, in der das Foto entstanden ist. Bylands zwei Rottweiler springen am rechten Bildrand, links geht es in den Stadtpark. Es ist das Jahr 1978, und ich bin zweiundzwanzig Jahre alt. Ich studiere seit vier Semestern Schauspiel und weiß immer noch nicht, warum ich es tue. Aber ich breche die Ausbildung nicht ab. Da ist so viel, was ich nicht kenne, von dessen Existenz ich nie etwas geahnt habe. Ich hätte nicht einmal davon träumen können, weil ich es schlicht nicht kannte. Ich wusste nicht, dass es *Innenräume* gibt, die genauso real und wirklich sind wie die wirkliche Welt um mich herum. Dass Gefühle eine eigene Sprache haben, wie das gedruckte Wort, und eine Bibliothek sind wie echte Bücher. Dass ihr Urteil berechtigt ist und ihr Schmerz ebenso. Und dass man das alles auch noch sichtbar machen darf und kann, war im wahrsten Sinn des Wortes eine Erleuchtung für mich. Als hätte sich ein Weltlicht eingeschaltet.

Das mit Fragen Ausgestopfte in mir wurde transparent und beweglich. Ich entdeckte durch eine einfache

Improvisationstechnik, mich in die Innenansicht der Fragen hineinzufühlen. An den Anfang. Es erforderte mehr als nur Beobachten und Analysieren, wie es mir mein Vater während unserer Schachspiele aufgetragen hatte. Es ging darum, sich zu öffnen, sich selbst und dem Gegenüber, und sich gemeinsam in das Kennenlernen zu begeben. Was nur sehr langsam und nur „Zug um Zug" – so hieß diese Technik – voranging.

Das war kein esoterischer Exkurs in ein „Befindlichkeitstraining". Das war Erkenntnistheorie, lebendig gemacht. Das in Stein gehauene *Erkenne dich selbst* fing an zu atmen. Es war Sinnsuche mit dem ganzen Körper, ein Sich-Hingeben der eigenen schöpferischen Kraft mit allen Sinnen.

Diese Improvisation ist neben Sprechtechnik und Körpertraining das Einmaleins der Schauspielausbildung, Es ist die Basis des Zusammenspiels und gleichzeitig ein Training für das eigene Selbst. Dazu stellen sich zwei Menschen gegenüber, bei uns war es am Rand des vier mal fünf Meter großen grauen Filzsteppichs im Studio D, und sehen sich erst einmal nur an, reden nichts, tun nichts, sondern sehen sich nur an, so lange, bis beide Ruhe finden in sich. Bis alle Urteile und Vorurteile in den Hintergrund treten. Das kann mitunter sehr lange dauern, endlos lange, fünf bis zehn Minuten. Bis ein unverstelltes Gefühl frei wird, das „Es" und ein wirkliches Wahrnehmen beginnt, ein Jetzt, das zu einer Antwort auffordert.

Erst wenn dieser Prozess der Bereitschaft abgeschlossen ist, erst dann kann ein Dialog auf gleicher Augenhöhe beginnen. Weil sich die Gegenüberstehenden aufeinander einlassen, *mit dem anderen zusammen* zu fühlen und zu handeln.

Ich erinnere mich an mein erstes „Zug um Zug". Ich hatte regelrecht Angst vor dem Moment, mich nur auf mein Empfinden zu verlassen. Ich dachte, dass ich sicher in tausend Teile zerfallen würde, wenn ich mich nicht mehr über den Verstand kontrollieren und dirigieren könnte. Aber schließlich stellte ich mich nach Tagen der Verweigerung doch noch an das Spielfeld. Wartete mit Herzklopfen und trockenem Mund, bis es mein Gegenüber, ein Student aus Österreich, schaffte, mit mir Kontakt aufzunehmen. Er lächelte, zog die Augenbrauen hoch und breitet die Arme aus, so als wolle er fragen: „Alles ok?"

Ich war so erleichtert über seine Freundlichkeit, dass mir die Tränen in die Augen schossen, aber ich konnte ihm sofort antworten. Ich lachte ihn dankbar an, was bedeutete: Ja, ich bin ok!

Dann war er wieder am Zug. Er blieb an seinem Platz, lächelte erneut, und steckte die Hände in die Hosentaschen. Da ich immer noch keine Ablehnung spürte, traute ich mich weiter auf ihn zuzugehen und machte einen großen Schritt hinein in den vereinbarten Raum, den grauen Filzteppich, was ihm sagte: Ich habe Vertrauen zu dir. Er schien ähnlich zu empfinden, holte die Hände wieder raus, atmete tief ein und aus und sprang mit großer Heiterkeit in die Spielfeldmitte.

Ich weiß nicht mehr, wie lange diese Improvisation ohne Worte dauerte, aber hinterher war das Herzklopfen weg und auch meine Angst. Und unsere Mitschüler hatten eine Geschichte gesehen, die wie von selbst entstanden war und sich organisch ineinander gefügt hatte. Sie sagten, es ähnelte einer stummen Variante von „Der Widerspenstigen Zähmung".

Durch diese kleine Improvisation habe ich erstmals bewusst erfahren, wie bedeutend Emotionen für die Gesamtheit des Selbstwertgefühls sind. Dass ein Komplettwerden trotz tausend Ich-Teilen möglich ist, wenn dafür Räume geschaffen werden, im konkreten wie im übertragenen Sinn.

Dass es eine existenzielle Notwendigkeit gibt, sich seinen Gefühlen zu stellen. Sie sind das Steuerungssystem unserer Ängste und Freiheiten.

Es hat Jahre gedauert, bis ich verstanden habe, warum ich damals so übervoll war von einem ganz neuen Freiheitsgefühl. Mit der Konzentration auf das Innere verflogen die Äußerlichkeiten, vergingen Unterschiede und alles Trennende.

Der Verhaltensforscher Michael Tomasello, der sich seit Jahrzehnten mit der Entwicklung von Sprache und Kommunikation beschäftigt, sagt: Zuerst war die *gestische* Kommunikation da! Dann erst kam die Sprache hinzu. Dabei meint die Geste eine *Wir-Absicht*, ihr Impuls ist, gemeinsam zu kommunizieren, zu informieren und zu teilen. Ganz so, wie wir es in unserer Improvisation erlebt hatten. Indem wir auf alle Ablenkungen verzichteten, wurde sichtbar, was wir miteinander teilen und was uns verbindet. Wir standen uns als Menschen gegenüber, frei von Forderung oder Aggression, nicht beengt von Angst oder Scham.

So stellte ich mir Freiheit vor, zwei Silben wie Flügel, ein Wort voll Luft und Licht.

Über vier Jahre lernte ich, mich in meinen Innenwelten einzurichten und wohlzufühlen. Lernte Gefühle sichtbar werden zu lassen, ihnen Ausdruck zu geben, mit meiner Stimme und meinem Körper. Ich war keine Ausnahme gewesen.

Jeder Körper wird zum Übersetzer der Seele, wenn wir es schaffen, uns in Andere hineinzuversetzen. Das müssen wir nicht einmal neu erfinden. Die Hirnforschung hat es bestätigt: Es ist in uns, als eine Art Spiegelkabinett, mit der wir die Außenwelt in unsere Innenwelt hereinholen. Die *Spiegelneuronen* sind genetische Instrumente unseres Nachahmungstriebs. Diese sensationelle Entdeckung des italienischen Forscherteams um den Neurophysiologen Vittorio Gallese beschreibt, dass wir mit ganz besonderen Neuronen ausgestattet sind, die uns befähigen, uns in ein Gegenüber hineinzuversetzen, ihn nachzuahmen und mit ihm zu fühlen. Das heißt, wir *kopieren zuerst* ein anderes Verhalten und erlernen dadurch unser eigenes Verhalten. Dazu müssen wir das Geschehen nicht einmal sehen, es reicht, wenn wir hören, wie jemand Kaffee trinkt, um uns die Temperatur oder den Geschmack vorzustellen. Wir erkennen die Absicht des Anderen, als wäre es unsere eigene Absicht. Gallese sagt: „Der Mechanismus der Spiegelneuronen bietet uns einen direkten Zugang in die Innenwelt der anderen."

Warum also wenden wir diese Eigenschaft nicht *bewusst* an? Zum Beispiel als Schutzimpfung gegen Demütigung und Rassismus?

Aber das Mitfühlen ist nicht so einfach da, es entwickelt sich erst in einer *konkreten Situation*, wie zum Beispiel in unserer Improvisation oder während eines Gesprächs. So wie Gähnen und Lachen ansteckend sind, so übernehmen wir auch alle anderen Verhaltensmuster, jedoch ohne bewusste Steuerung. Und selbst die Sprache wird nicht irgendwie gelernt, sondern ist im *sozialen Handeln* buchstäblich erarbeitet. Zug um Zug lernt der Mensch von seinem Gegenüber Sehen, Hören, Sprechen.

Dieses durchaus strenge „Zug-um-Zug-Prinzip" stellt uns natürlich auch vor Aufgaben, die wir im Alltag gern aus Bequemlichkeit wegdrängen. Es fordert nämlich die Genauigkeit der „Zwölf Geschworenen" ab, jedes Detail unseres Verhaltens ernst zu nehmen und im Zweifel gegen uns selbst zu entscheiden, gegen unsere innersten Mauern und Vorurteile. Es stellt die Geduld jedes Einzelnen mit sich selbst *und* seiner Umgebung auf die härteste Probe. Denn das Prinzip funktioniert nur dann wirklich gut, wenn die Beteiligten frei genug sind, sich nicht hinter fertigen Vorstellungen zu verstecken, sondern bereit bleiben, auf gemeinsame Entdeckungsreisen zu gehen wie die Clownin auf der Bank. Sich dem schöpferisch-kreativen Prozess aussetzen, dessen Ende *immer offen* ist. Und mit jedem neuen Gegenüber von neuem beginnt. Ein Prozess, der im selben Augenblick *identitätsstiftend* und *gemeinschaftsbildend* wirkt.

Auch wenn ich wirklich lange Jahre nicht verstanden habe, was mich in dem Schauspielberuf hält, war ich mir aber immer ganz sicher, dass diese Wahl das Richtige für mich ist. Ich hatte großes Glück, diese Weggabelung in die Kunst zu sehen, als ich schon für die Geisteswissenschaften eingeschrieben war. Etwas Besseres hätte mir gar nicht passieren können, als dass ich genau diese Ausbildung in genau jener Zeit machen durfte. In den Siebzigern.

Meine Ausbildung und ich und die Siebziger, mit ihrem *betroffenen* Zeitgeist, wir gehörten zusammen. Ich hatte mein geistiges Zuhause gefunden. Und meine Eltern thematisierten die Rückreise in ihre ersehnte Zukunft kaum noch, jedenfalls nicht mit uns Kindern.

Die Siebziger waren gut zu mir wie meine Fensterbank. Ich lernte, dass politische Prozesse *psychologisiert* werden können und nicht nur pathologisiert, wie noch bei den Achtundsechzigern. Wir ballten nicht vor

Zorn die Faust, sondern öffneten solidarisch die Arme. Wir fragten nicht: Wer bist du? Sondern: Was können wir gemeinsam tun?

Auch wenn draußen der „Deutsche Herbst" tobte, bei uns Mittzwanzigern war das *friedliche alternative Leben* schon Wirklichkeit, in Form von Wohngemeinschaften und Bürgerinitiativen. Unverheiratete Paare konnten ohne größere Widerstände gemeinsame Mietverträge unterzeichnen, Jungs mit langen Haaren wurden nicht mehr beschimpft oder bespuckt, Mädchen bekamen die Pille auf Rezept und trugen Röcke in jeder Länge, von superkurzen Hotpants bis zu bodenlangen, bunten Hippiekaftans. Man ging nicht nur Grillhähnchen im Wienerwald essen, sondern nun auch Gyros beim Griechen, Spaghetti beim Italiener und Cevapcici beim Jugoslawen.

Ausgrenzung war out – Liebe, Menschlichkeit und Solidarität waren in!

Wir fackelten keine Kaufhäuser ab, sondern fühlten mit den Betroffenen des Systems mit, den *Ausgegrenzten*: den Fremden, den Armen und den Behinderten. Wir hätten uns schuldig gefühlt, wenn wir sie übergangen oder ignoriert hätten wie die spaßgesteuerte „Generation Golf" in den Achtzigern.

Wir, die namenlosen Siebziger, waren emotionalisiert von den Geschehnissen um uns herum: Aufrüstung, Kalter Krieg, Palästina, AKWs, Hungersnöte in Afrika, und wir wollten direkt und persönlich eingreifen und helfen. Das war Zeitgeist und Konsens. So dachten alle um mich herum. Wir waren links, weil links eine Herzensangelegenheit war, und zitierten Walter Mehring: „Natürlich bin ich links, links, wo das Herz sitzt!"

Unser Sinn-Kern hieß *Menschlichkeit*. Und die Bedürftigen konnten sich unseres *Mitgefühls* gewiss sein. Wir fühlten uns verantwortlich für jeden Einzelnen um uns herum und für die gesamte Menschheit auf dem Planeten.

Mag sein, dass es aus heutiger Sicht sehr pathetisch klingt, aber das war mein Alltag. In jeder zweiten Wohngemeinschaft saß eine *Initiative*. Die einen versammelten sich zu einer „Friedensinitiative", andere trafen sich mit Spendenbüchsen bei der „Dritte-Welt-Initiative", wieder andere organisierten Straßenfeste mit ihrer „Nachbarschaftsinitiative".

Für den Frieden diskutierten wir nächtelang die Aschenbecher voll. Zugegeben, Humor war nicht unsere Stärke. Jedoch waren wir wirklich tief berührt von Unrecht und Not und wollten nicht tatenlos dasitzen. Wir verteilten Flugblätter, besetzten Häuser und schrieben Transparente mit „Baum ab, nein danke!", fesselten uns an Tannen, Buchen und Birken. Marschierten mit den Bauern gemeinsam gegen das Endlager. Wir forderten „Respekt vor Mensch und Natur!"

Endlich spürte ich keinen Abstand mehr zwischen den Vorrübergehenden und mir, mein Studium und das

Leben waren eine Einheit. Auch die Fremdheit schien mir überwunden. Kulturelle Verschiedenheit war mittlerweile das *Hauptargument* für die Notwendigkeit eines *gemeinsamen* Widerstandes, denn Endlager, Aufrüstung, atomare Halbwertszeiten, Müllberge und Ozonloch *gingen uns alle an*, egal in welcher Hautfarbe oder mit welcher Religion jeder atmete.

Ich habe nicht vergessen, dass wir damals auf abschussbereiten Sprengköpfen lebten. Es war die Zeit der größten atomaren Bedrohung und des wildesten Wettrüstens. Und doch scheint mir diese Zeit überschaubarer und solidarischer gewesen zu sein als die vereinten Börsenwelten, die bald darauf folgten. Vielleicht verwischt die Erinnerung die scharfen Konturen jener restriktiven Ära. Fakt aber ist, dass der entfesselte Individualismus der Neunziger mit ihrem Design-Fetisch und ihren „Wellness-Oasen" damals als kapitalistischer Egoismus bekämpft worden wäre.

Fakt ist auch, dass es damals keine „Aufstocker" gab und keine „Langzeitarbeitslosen", keine „Kinderarmut" und kein massenhaftes „Burn-Out-Syndrom". In der industriellen Gesellschaft gab es nahezu für jeden Menschentyp eine passende Arbeit.

Heute dagegen sortiert die digitale Produktion gnadenlos aus. Und die Politik verstrickt sich in Worthülsen wie „Prekariat", „privater Vorsorge" und „Transferleistungen". Wer davon betroffen ist, hat kaum noch eine Chance, ohne zusätzliche „Minijobs" zu überleben. Nur empört das heute kaum noch jemanden. Bis auf ein paar Hilfeschreie von campierenden jungen Leuten in Barcelona oder den Wütenden von Athen oder den brennenden Autos aus den Pariser oder Berliner Vororten, gibt es kaum Widerstand gegen die Entwurzelung aus der Kontinuität und gegen die Willkür in der Arbeitswelt. Selbst diese Aktionen können nicht darüber hinwegtäuschen, dass die neuen Medien die Unzufriedenen zwar sehr schnell zusammengebringen, dass aber der Einzelne ebenso schnell wieder verstummt. Denn die Anonymität des sich Organisierens hat kaum noch eine sinnstiftende Kraft.

Das Bedürfnis nach einem *echten Gegenüber* hat sich bereits verwandelt in eine inwendige Kommunikation. „Es ist sehr traurig, dass erwachsene Menschen, meines Wissens zum ersten Mal in der Menschheitsgeschichte, alleine spielen", sagte die Hirnforschung Susan Greenfield in einem „Zeit"-Interview von 2009. Und ergänzt: „Wir werden asozialer." Die Empathiefähigkeit und Bindungsbereitschaft sind bereits im Auflösungsprozess. Nur sind wir uns dessen in der Masse noch nicht wirklich bewusst. Denn Veränderungen erfolgen, lange bevor man sich ihrer bewusst wird. Das heißt, wir *sind* schon Andere. Unsere Gehirne haben sich mehr und mehr an die Zweidimensionalität der Bildschirme angepasst, aber die Bedürfnisse und das Verhalten hinken im analogen Rhythmus hinterher, haben sich noch nicht synchronisiert.

Ich frage mich, was in einem Menschen vorgehen muss, wenn er trainiert wird, zweidimensional zu denken, sich aber in der (noch) gefühlten Raum-Zeit-Kontinuität bewegen muss? Die virtuelle Welt ändert ja nichts an der Tatsache der Spiegelneuronen, dass Empathie ein Automatismus des Gehirns ist. Was aber wird aus dem sozialen Verstand, wenn das Gefühl *nicht mehr weiß*, dass eine Schlägerei wehtut und ein Schuss tötet? Kann man dann überhaupt noch betroffen sein vom Hunger und Elend in der Welt, geschweige denn vor der eigenen Haustür? Laut Gallese brauchen wir das Weiß im Auge des Anderen *leibhaftig*, seine Mimik und Gestik, den körperlichen Umgang, um *aktiv* mitzufühlen, um ein Bild vom Gegenüber zu entwickeln. Was aber geschieht, wenn die permanente *unkörperliche* Kommunikation im Netz keine lebenden Bilder entstehen lässt und vorhandene auflöst?

Ich frage mich, wie wir zu konkreten, fassbaren Begegnungen zurückfinden können, die die Vorrausetzung für Einfühlen und Mitgefühl bilden. Trotz Mobilität und im Einklang mit der modernen Technik. Ich denke, wir brauchen ein gemeinsames Bewusstsein dafür, dass es keinen Ausverkauf der Menschlichkeit geben darf.

Die soziale Schere wird sich nicht schließen, und die Mehrzahl der Menschen kann sich nicht in der ortlosen Flexibilität der Finanzeliten einrichten. Je größer die soziale Abhängigkeit ist, desto wichtiger werden private Gebundenheit und Zugehörigkeit, desto wichtiger wird Kontinuität.

Es sind nicht die vielbeschworenen „ethischen Werte", die verschwunden sind. Ich glaube sogar, dass es das letzte Privileg der Armen ist, ein paar Restposten moralischer Grundsätze aufrechtzuerhalten. Ihr Überlebenskampf wäre ohne diese letzte Orientierung gar nicht möglich.

Aber der *Wert des Lebens* hat sich verändert. Die Einführung der flexiblen Arbeitszeit lässt, ähnlich wie die Leibeigenschaft im Feudalismus, kaum noch Zeit für eine Privatheit und tradierte Rituale. Für die Menschen im Billiglohnsektor ist das bereits Alltag. Unterstes Lohnniveau, Kontrolle der privaten Zeit und unbeschränkte Verfügbarkeitsverpflichtung. Die Armen werden mehr und mehr entmündigt, können ihre Zeit kaum noch selbst bestimmen oder gestalten. Die „Sieger von Davos" haben den Wert der *neuen* Zeit klar und deutlich vorgegeben: Das tradierte Kontinuumsdenken sei veraltet, denn das Wachstum sei eine unordentliche Angelegenheit.

Das heißt, der neue Wert Zeit ist, dass die Zeit *keinen Wert mehr hat.*

Was aber macht das mit dem Ich-Gefühl, mit der Kreativität und dem sozialen Geist? Das alles erwächst und entwickelt sich erst durch die Kontinuität der Zeit.

Mir macht diese Vorstellung Angst. Ich fürchte mich vor dem unsozialen Geist und der Virtualisierung von Identität. Ich fürchte mich vor der Vereinsamung des

Menschen, dass die *Zeitlosigkeit* seine Seele auffrisst, dass er das Gefühl für Liebe und Verantwortung verliert und dass er unberechenbar wird für sich selbst und für seine Umgebung.

Wenn es einen „Werteverfall" gibt, dann den, dass den Armen ihr Recht auf *ihre* Zeit unterschlagen wird. Ihr Grundrecht auf eine *selbstbestimmte* Zeit für Beziehungen und Träume, die kaum zu leben sind, wenn jeder abrufbar zu sein hat in der unordentlichen Moderne, um seinen „Teilzeitjob" zu behalten oder um einen zusätzlichen „Aufstockerjob" zu ergattern.

Was wird sein, wenn die *Zeitfreiheit* nur noch für eine kleine Gruppe von Menschen verfügbar ist? Was macht das mit der *Mehrheit der Menschen*? Denn es gibt keine *wirkliche* Freiheit ohne eine garantierte *Zeitautonomie*. Ich bin überzeugt davon, dass das Zeitdiktat der flexibilisierten Arbeitswelt für die Mehrheit der Menschen ein *Zwang* ist. Selbst wenn das Strafgesetzbuch keine eindeutige Grenze zieht zwischen Nötigung und Gewalt, so ist die *Zielsetzung* der Zeitverknappung verwerflich und bedeutet eine klare Menschenrechtsverletzung, gemäß Artikel 3 der Menschenrechte: Jeder hat das Recht auf Leben, Freiheit und Sicherheit der Person.

* * * * *

Vielleicht hat Camus recht, und das Werden ist eine lange Reise durch ein paar unvergessliche Kindheitsbilder, und das Auge findet nur irgendwann all das, was das Herz von Anfang an brauchte. Und vielleicht ist das Verstehen nur ein Haus voller Bilderrahmen, zugestellt mit Erbstücken und Trödelzeug vergangener Tage, das sich täglich aufs Neue füllt und ständig ausgebaut werden muss. Deshalb kennt eine Fünfzigjährige Gefühle, die sie als Zwanzigjährige nicht einmal hätte erahnen können.

Wie gesagt, ich kann nicht erklären, *warum* mir der Begriff des „Respekts" zu einer Art programmatischer Navigation wurde oder *warum* das Sehen von Demütigung und Scham mich jedes Mal bis ins Mark zerfasert, aber das Kramen in alten Bildern lüftet jedes Mal neue Zusammenhänge. Wobei es einen Unterschied gibt, ob ich mir meine eigenen Kinderbilder ansehe oder zum Beispiel die von meiner Tochter.

Wenn ich im Album meiner Tochter blättere, spüre ich nahezu jede Katastrophe seit ihrer Geburt im Juli 1986 fast körperlich. Die Angst, der *Verantwortung* nicht gerecht zu werden, zu der ich verpflichtet bin als Mutter, lähmt mich bisweilen auch noch heute. Und wenn ich an den 26. April 1986 denke, verengt sich mir auch jetzt sofort wieder der Atem. Ich war damals auf den Tag genau drei Monate vor dem größten menschlichen Wunder, als sich die planetarische Endlichkeit in unser aller Gedächtnis sprengte. Von einem Tag auf den anderen kippte das pure Glücksgefühl um in eine Stockstarre voller Schuldgefühle.

Das Kernkraftwerk von Tschernobyl war explodiert, mit der zweihundertfachen Radioaktivität der Hiroshima-Bombe. Und die Folgen werden noch Tausende von Jahren unkontrollierbar bleiben. Das Essen, die Luft, das Wasser, alles, in dem wir uns täglich bewegen, ist seitdem verstrahlt, hier etwas weniger, dort total. Dort erkrankten die Ungeborenen noch im Mutterleib, hier wurden bei Regen die Sandkästen zugedeckt und die Kinder reingeholt. Den Schwangeren wurde geraten, nur Milch von Biobauern zu trinken und vorerst auf frische Waren zu verzichten, Fleisch und Gemüse vorläufig nur tiefgefroren oder aus Konserven zu verzehren. Dort gab es keine Alternative. Selbst wenn die Menschen hungerten, aufhören zu atmen kann niemand. Keiner kennt bis heute die genaue Zahl der Strahlentoten und der Erkrankten von Tschernobyl.

Das ist nun fünfundzwanzig Jahre her, mein Kind ist gesund, den Göttern sei Dank. Hier verringerte sich das atomare Gift mit den Jahren, man soll zwar immer noch keine Pilze im Wald sammeln, aber die Kinder dürfen wieder im Regen spielen. Die Menschen in Tschernobyl und Umgebung jedoch werden noch auf Generationen hinaus verstrahlt sein und sich quälen mit Schilddrüsenkrebs, Leukämie, Immunschwächekrankheiten und missgebildeten Kindern.

„Wir wissen erst, *was* auf dem Spiel steht, wenn wir wissen, *dass* es auf dem Spiel steht", sagt Hans Jonas in „Das Prinzip Verantwortung".

Tschernobyl hat gezeigt, dass lebendige Existenz und Radioaktivität unvereinbar sind. Dennoch verniedlicht die Atomlobby bis heute die Zerstörungswucht von planetarischer Dimension als „Restrisiko einer sauberen Technologie". Das ist ein Verbrechen an der Menschheit.

„Die Welt muss wissen, dass in Weißrussland ein Völkermord stattfindet", sagte der Radiologe Oleg Schadiro 1990 in einem „Spiegel"-Artikel.

Und wieder gibt es keine Verantwortlichen. Vielleicht sind die Planer und Betreiber von Tschernobyl nicht direkt schuld an der Explosion an sich, aber als Profiteure sind sie *verantwortlich* für diese Katastrophe. Und sie gehören vor das internationale Gericht der Menschenrechte. Genau wie Ratko Mladic, der endlich zur Verantwortung gezogen wird für das Massaker an 8000 bosnischen Jungen und Männern, an unzähligen Vergewaltigungen und Plünderungen.

Ebenso die Betreiber von Fukushima, die sich seit dem 11. März 2011 unaufhörlich vor den Kameras verbeugen und entschuldigen. Keiner von ihnen ist in die Reaktoren gestiegen, um die Kühlung selbst zu überprüfen. Sonst wären sie bereits tot, wie die, die es tun mussten. Ich frage mich, wer die 100 000 Tonnen verstrahltes Wasser der Reaktoren zu trinken bekommt. Es wird jeden lebendigen Organismus töten. Der Strahlungsgrenzwert ist um das dreimillionenfache überschritten, berichten die Nachrichtenagenturen.

„Da es kein Einverständnis des zukünftigen Menschen zu seinem Nichtsein geben kann, besteht eine *unbedingte Pflicht* der Menschheit zum Dasein", schreibt Jonas. Dem Einzelnen steht es frei, sich umzubringen, aber die Menschheit hat kein Recht auf Selbstmord. Das heißt, der Mensch ist in der Pflicht, den Planeten unbeschädigt weiterzureichen, damit die Nachwelt eigene Anfänge kreieren kann. Die technologische Beschleunigung lässt uns keine Zeit mehr für Korrekturen. Das verstärkt unsere Pflicht zur Wachsamkeit über Anfänge. Über Anfänge ohne Restrisiken, Kollateralschäden und Halbwertszeiten. Und noch vor dem ersten Artikel der Menschenrechte muss der erste Imperativ gelten: dass eine *Menschheit sei*!

Die Moderne verpflichtet uns geradezu, in menschlichen, sinnstiftenden Maximen zu handeln. Selbst wenn wir mögliche Katastrophen noch halbwegs korrigieren könnten, werden wir essenzielle Freiheiten verlieren, durch den immer enger werdenden Radius riskanter Techniken. Addieren wir zu diesem Diktat der Technik den Turboindividualismus, das Turbowachstum und die Beschleunigung der Information, dann wird jedem Erstklässler klar, unter welchem Druck die Demokratie und der soziale Friede stehen. Schon vor

150 Jahren schrieb Nietzsche: „Aus Mangel an Ruhe läuft unsere Zivilisation in eine neue Barbarei aus."

Die Beschleunigung des 21. Jahrhunderts zeigt so deutlich wie kaum zuvor unsere globalen Abhängigkeiten auf allen Ebenen. Und die Gefahr der Kannibalisierung durch die Zeitlosigkeit. Weil alles schlicht zu viel und zu schnell ist. Das Internet hilft zwar, Nähe zu schaffen, jedoch ohne Verantwortung zu fordern. Bei sechshundert Freunden auf einer Facebook-Seite wird das Partei nehmen für einen *einzigen* Freund schon ziemlich schwierig. Ohne ein Maß an Oberflächlichkeit und Ignoranz ist die Kommunikation gar nicht zu bewältigen. Und bei sechs Millionen Informationen in 0,06 Sekunden verliert sich jedes ernsthafte Interesse schon nach den ersten zwanzig Antworten, weil die Konzentration für mehr nicht reicht. Im Gegenteil, weil sie sogar mit jedem weiteren Hinweis umschlägt in eine Mischung aus Ohnmacht und Zerstörungswut gegen diese nimmer enden wollende Informationsflut. Das Zuviel verunsichert und macht haltlos.

Ich frage mich, wie lange kann ein Einzelner diese Überforderung ertragen, ohne dass diese umschlägt in einen vandalistischen Rundumschlag gegen Mensch und Natur? Oder in die nicht weniger bedrohliche Gleichgültigkeit: Ob mich nun ein Kernkraftwerk umbringt oder einhundert, spielt auch keine Rolle mehr. Da ich keins davon abreißen kann, soll man sie halt weiter bauen. Jonas sagt, nur wer Verantwortung hat, kann verantwortlich handeln. Wie aber soll der Einzelne sich verantwortlich fühlen, für eine ganze Welt, wenn ihn die parlamentarische Demokratie vor seiner eigenen Haustür ignoriert? Wenn Bekenntnisse zu Toleranz und Gerechtigkeit zu Feigenblättern ihrer Lobbypolitik verkommen?

Stuttgart 21 sei hier nur als *ein* Beispiel erwähnt, für die unzähligen politischen Fehlentscheidungen, bei denen der Bürger schlicht nicht beachtet wurde oder für die sich die Politik nicht einmal zu entschuldigen in der Lage war, wie zum Beispiel nach der Katastrophe der Love Parade in Duisburg.

„Der kurze Arm der Macht verlangt den langen Arm des vorhersagenden Wissens", sagt Jonas. Wir brauchen eine Ethik der Zukunftsverantwortung. Ohne ein *respektvolles* Miteinander wird das kaum zu erreichen sein.

Wäre ich 1986 nicht schon schwanger gewesen, ich hätte mich wie Millionen anderer Frauen auch *gegen* ein Kind entschieden. Es wäre mir unmöglich, um die Endlichkeit zu wissen und sie meinem Kind zuzumuten. Kinder brauchen das Gefühl von Ewigkeit, um Vertrauen, Willen und Mut zu entwickeln. Natürlich gibt es lange Zeiten, in denen ich die Bedrohung von damals verdränge, aber wenn ich mich erinnere, kann ich die Schuldgefühle auch heute nur schwer aushalten. Der Schock sitzt so tief, dass ich nicht anders denken kann, als dass die Menschheit das Recht auf Kinder verliert, wenn sie ihre Zukunft nicht ohne jegliches Restrisiko absichern kann.

Selbstverständlich habe ich mit größter Aufmerksamkeit alles mir Mögliche versucht, damit sich die Fäuste meiner Tochter baldmöglichst entspannten und offen blieben.

Ich habe ihr nichts erzählt von enthemmten Nazis, die durch die Straßen brüllten und Menschen totschlugen. Auch nichts von meiner Wut darüber, dass der Kanzler mit der „Gnade der späten Geburt" diese Rassisten als „verirrte Jugendliche" verharmloste. Und es obendrein sogar abgelehnt hatte, sich vor den Opfern zu verbeugen, die der xenophobe Geist angezündet hatte. Er wolle sich nicht am „Beileidstourismus" beteiligen, lautete seine zynische Begründung. Menschen sind verbrannt wie Papier, und der erste Mann im Staat sprach von Toleranz.

So widersprüchlich wie dieser Zusammenhang war das ganze Jahrzehnt, in dem meine Tochter vom Schulanfänger zur Pubertierenden aufwuchs. Lange Zeit dachte sie, dass es normal sei, wenn dreimal am Tag die Polizei am Haus vorbeifährt und dass alle Zimmer mit Feuermeldern bestückt sein müssen. Ich hatte ihr den Grund dafür ebenfalls verschwiegen. Sie sollte nicht wissen, was Personenschutz der zweiten Stufe bedeutet. Warum sollte ich sie mit den Drohungen aus unserem Briefkasten ängstigen. Es reichte mir schon, dass das LKA die Briefe als beängstigend eingestuft hatte und über eine sehr lange Zeit unsere Sicherheit bewachte.

Die Neunzigerjahre waren eine paradoxe Zeit, verwirrend und kurios zugleich. Wörter wie „Integration", „Ausländerrechte", „Familiennachzug" und „Rückkehrprämien" drängten einerseits Tausende an die kulturellen Ränder. Andrerseits öffnete dieselbe Kanzlerschaft, durch den Fall der Mauer beflügelt, mit einer ungewohnten Leichtigkeit nahezu alle Grenzen zu Deutschlands Nachbarn. Der Kanzler höchstselbst beschleunigte mit großzügigen Zugeständnissen die Vernetzung der europäischen Wirtschaften und die Bildung einer europäischen Regierung in Brüssel. Trennte sich, berauscht vom Stimmungshoch der explodierenden, jungen Börsenunternehmen, von der stabilen D-Mark und wurde sogar Wortführer bei der Einführung einer damals noch recht unsicheren europäischen Währung.

Nicht genug damit. Der Umbruch wechselte wie willkürlich die Dramaturgie: friedliche Wiedervereinigung hier, und nur eine Flugstunde entfernt: kriegerisches Auseinanderfallen in Jugoslawien. Heute die Erweiterung der europäischen Union, morgen das „Ja" zum Einmarsch im Kosovo und dem Golfkrieg. Als wäre das nicht schon verwirrend genug, überzog eine

zügellose „New Economy" den Weltmarkt und desta-
bilisierte in Lichtgeschwindigkeit sämtliche Binnen-
märkte, inklusive die des zusammengebrochenen Ost-
blocks.

Ich tat alles dafür, dass meine Tochter von diesen Tur-
bulenzen nicht viel zu spüren bekam. Meine Mutter
sagte, eine Kinderseele braucht Muße. Also zog ich
aufs Land. Ich wollte, dass sie noch verschont bleibt
von der quecksilbrigen Unruhe der neuen Medien und
des neuen Geldes. Auf dem Land ist eine Stunde auf
der Uhr noch die gefühlte Zeit im Leben, während sie
in der Stadt fast unbemerkt verfliegt.

Gleichzeitig versuchte ich mich selbst zu schützen
mit diesem Rückzug. Ich fühlte mich wie im Zentrum
eines Sturms. Da war die Verantwortung für mein
Kind, das Geldverdienen, das Verstehen, die neuen
Medien, der Globalismus. Ich spürte zwar, dass das
alles irgendwie miteinander zusammenhing, konnte
aber die Einzelheiten nicht extrahieren. Ich las nur
ständig, wie sich die Ereignisse gegenseitig überspül-
ten, mit täglich wachsender Wucht, und dass sie weltweit millionenfaches Elend von Kriegsflüchtlingen und
Arbeitslosen hinterließen. „Kollateralschäden" einer
neuen Ordnung, die die wenigsten bis heute verstehen.

Eine fundamentale Veränderung hatte begonnen und
„zwar nicht die einer einzelnen Gesellschaft, sondern
die brutale Veränderung einer ganzen Zivilisation",

schreibt 1997 die Französin Viviane Forrester in „Der Terror der Ökonomie".

Der Grund lag in der Veränderung der Arbeit selbst. In der Rationalisierung und Virtualisierung der Arbeit im Handwerk, Handel, Bergbau und in der Industrie. Ersetzt von digitalen Alleskönnern, die billiger produzierten, benutzerfreundlicher waren und keine Sozialabgaben brauchten.

Mitte der Neunziger steckten wir bereits in einer Epoche fest, ohne auch nur zu merken, dass die vorausgegangene Epoche bereits verschwunden war.

„Du kannst dir nicht vorstellen, wie dumm ich mir vorkomme, wenn ich meinen Kindern etwas über Verpflichtung erzähle", lässt Richard Sennett den Börsianer Rico in seinem Buch „Der flexible Mensch" sagen: „Es ist für sie eine abstrakte Tugend, sie sehen sie nirgendwo."

Begonnen hat der Umbruch zunächst regional und mit harmlos tönenden Parolen von der „geistig moralischen Wende" und einer „liberalen Marktordnung", die aber sehr bald mit einer großen Zukunftsgeste Finanzmärkte, „Heuschrecken" und einen engstirnigen Patriotismus produzierte. Abgrenzungsparolen und neue Etiketten zerbröselten das Land in eine Zweiklassengesellschaft: hier die „Leistungsträger und Wertschöpfer", dort das „Humankapital" und die „Sozialschmarotzer". Hier die „Eliten", dort „Sozialneid", „Parasiten", „Scheinasylanten", „Totalverweigerer".

Mehr und mehr zogen sich sozial Schwache aus den teuren Innenstädten zurück in billige Wohnsilos der Ränder, wie Köln-Chorweiler, Hamburg-Wilhelmsburg oder Berlin-Kreuzberg. Andere versammelten sich in ihren kulturellen Enklaven, gründeten „Teestuben" und „islamische Gemeinden" und kappten die Kommunikation nach außen in die Mehrheitsgesellschaft.

Die Achtziger und die Neunziger waren, aus der Sicht der Migranten betrachtet, eine politisch düstere Zeit. Als alles Fremde zu unzähligen *Integrationsprogrammen, Rückkehrprämien und Asylanten* verwurstet wurde. Als Worte wie *„Überfremdung" „Parallelwelten"* und *„durchrasste Gesellschaft"* Hessens und Bayerns Ausländerpolitik beherrschte, so dass die anderen Unworte des Jahres *„ausländerfrei", „abklatschen", „abfackeln"* und *„national befreite Zone"* kaum zu stören schienen.

Als Umfragen schließlich ergaben, dass sich über dreißig Prozent der deutschen Bevölkerung als rechts bis rechtsaußen positionierte.

Alles das habe ich vor meiner Tochter geheimgehalten. Sie sollte nie in die Situation kommen, sich für ihren türkischen Namen zu rechtfertigen. Ich verschwieg ihr außerdem, dass über hundert Menschen getötet wurden, nachweislich mit *rassistischer* Motivation. Wie hätte ich ihr etwas erklären können, was ich selbst nicht verstand: Warum war die politische Klasse nicht in der Lage, sich auf ein Verbot der „nationalen Gruppen" zu einigen?

Vielleicht hätte meine Tochter es sowieso nicht nachvollziehen können, denn ihr Schulalltag bei den Ursulinen ließ sie eine ganz *andere Wirklichkeit* erleben. Auf dem Foto zu ihrem zwölften Geburtstag hatte sich die halbe Klasse kichernd auf unserem kleinen Sofa versammelt, so eng umschlungen, dass man die Übergänge kaum erkennt, wer nun asiatischer, indischer, afrikanischer oder europäischer Herkunft ist.

Durch das stillschweigende Zusammenspiel von explodierenden Börsengewinnen, steigender Arbeitslosigkeit und tatenloser Politik wurde unübersehbar, wie schnell die „Sündenbocktheorie" greift, wenn die Gesellschaft in eine soziale Schieflage gerät und Angst bekommt. Das sprunghafte Aufquellen von Rassismus, besonders in den reichen Ländern, hat ihren Grund *nicht* in der ethnischen oder ethischen Verschiedenheit, sondern in der *Angst vor dem eigenen sozialen Abstieg.* Denn noch immer gilt Brechts *Dreigroschenoper*:

> Erst kommt das Fressen,
> Dann kommt die Moral!
> Erst muss es möglich sein, auch armen Leuten,
> vom großen Brotlaib sich ihr Teil zu schneiden.

Wie bestellt, übernahm das private Fernsehen die Führerschaft zu einer spaßigen Gegenreformation und produzierte eine Überfülle an Unterhaltungsprogrammen, Quiz- und Mitmachformaten. Es fiel leicht, sich in die eigenen vier Wände zurückzuziehen, und billiger war es auch. Irgendwie driftete das Wir-Gefüge auseinander. Kaum einer konnte beschreiben, *was* ihn genau verunsicherte, nur *dass* er verunsichert war. Der Rückzug wirkte wie ein Hilfesuchen in vertrauten Strukturen, um nicht vollends die Orientierung zu verlieren. Auch ich traf meine Freunde lieber zuhause. Wir verbrachten ganze Wochenenden kochend und essend. Am meisten jedoch freuten sich unsere Einzelkinder. Auf diese Weise erlebten sie eine Art Großfamilienleben, in der sich die Erwachsenen meist um sich selbst kümmern und die Kinder Kinder sein dürfen.

Jeder Sender versuchte sich zu übertreffen mit noch absurderen Programmen. Täglich wurden Einschaltquoten und Marktanteile ausgewertet, um neue Werbekunden zu akquirieren. Commedians schossen wie Pilze aus dem Boden, übersäten die Republik mit sinnfreien Parodien über Fußballer, Prominente und Politiker. Und ein Duo namens „Die Doofen" sang doofe Lieder über doofes Zeug – und die Mehrheit hatte *Spaß* dabei. Ein Szenario wie in „Hoppla! wir leben!" von Walter Mehring:

> In diesem „Hotel zur Erde"
> War die Creme der Gesellschaft zu Gast –
> Sie trug mit leichter Gebärde

Die schwere Lebenslast!
Sie hielt auf gute Ernährung –
Bis man eine Kriegserklärung
Als Scheck in Zahlung gab.

Das Parlament beschloss Kriegseinsätze, aber *Spaß zu haben* blieb Kult. Wie alles zu *Kult* wurde in den Neunzigern, was sich länger als eine Woche auf dem Markt hielt. Und dieses hartnäckige *Spaßhabenwollen* hielt sich bis zum Platzen der grotesken New-Economy-Blase.

Und wenn das *Spaß haben* verbunden war mit viel Geld, so nannte man das „Lifestyle". Für das Sich-ein-igeln erfanden Soziologen das „Cocooninng", für deren edle Inszenierung produzierten die nun angesagtesten *Designer* exklusive „*Designartikel*". Diese zu besitzen entschied dann über Zugehörigkeit zum Lifestyle, über das „In-" und „Out-Sein". Darüber, ob jemand ein Nobody war oder ein Somebody.

Glücklicherweise ist das Landleben auch in dieser Beziehung etwas entspannter. Natürlich lebte zu dieser Zeit nicht mal ein Dorfbewohner in einer designfreien Zone. Jeder besaß ein, zwei Designerteile, wie zum Beispiel eine Sonnenbrille oder ein Auto, ein T-Shirt oder eine Kaffeemaschine. Aber eben nicht die ganze Lifestyle-Liste. Auf dem Land gab es keine modischen Auswüchse. Zwischen Bäumen, Pferden und Wiesen reichte es vollkommen aus, ein ganz normaler *Everybody* zu sein.

minus eine

Ganz anders in der Stadt, wo „Design" zu einer unverzichtbaren Reliquie wurde, um sich aus der „Massenanfertigung" hervorzuheben. Die Einkäufe glichen Prozessionen. Ich beobachtete sprachlos junge Paare, die sich freiwillig um einer *Designer*-Einrichtung willen auf Jahre hinaus verschuldeten, sah Mädchen, die ihre Konten leer räumen für eine *Designer*handtasche, sah Jungs sich blutig prügeln, für einen *Puma*schatten auf dem Turnschuh.

> Da kamen die Diplomaten,
> Um über den Fall zu beraten.
> Sie sprachen: Wir brauchen wieder mal 'nen
> Krieg
> Und größere Zeiten eben!

Mode*designer* hielten Audienzen wie Götter auf dem Kaschmir-Olymp, diktierten vor jeder neuen Kollektion ihre messianische Vision: dass der Sommer nur in „Schlammfarben" zu begrüßen sei, der Winter dagegen in „Pudertönen" und dass man ohne einen „Traum aus schwarzem Tüll" keinen Ball betreten sollte. Und die Fashion-Junkys füllten ihre Einkaufstaschen.

> Es gibt nur eine Politik:
> Hoppla, wir leben –
> Wir leben und rechnen ab!

Der Alltag in den Neunzigern war ein sich täglich wechselndes Multitasking-Camp auf allen Ebenen. Draußen die Loveparade, drinnen Verhütungsmittel. Auf der Arbeit digitale Großraumbüros, zuhause die analoge Familienzeit. Draußen expandierten Märkte und Vermögen, drinnen blieben millionenfach soziale Härtefälle zurück. Massenhaft verunsicherte Menschen forderten die Politik auf, endlich etwas dagegen zu tun. Die aber antwortete „Kinder statt Inder" und rückte näher an die Wirtschaft heran. Je undurchsichtiger die allgemeine Lage wurde, desto wichtiger wurde der individuelle Schein.

Und *wer* etwas auf sich hielt, präziser formuliert: wer etwas zu *sein vorgeben* wollte! – der kaufte alles, was ihn aus diesem Chaos hervorhob. Ganz nach der Devise: Es lebe der Hedonismus, was kümmert mich die Nachwelt? Der Kapitalismus hatte gesiegt, was sollte falsch sein am Konsum?

Hoppla, wir leben!
Wir leben! Und rechnen ab!

Während meine Generation sich abmühte, das endlose Multitasking irgendwie zu strukturieren und irgendwie Spaß an der Spaßgesellschaft zu finden, versuchte sich die Generation meiner Tochter an eigenen Antworten. Viele junge Leute bemühten sich um Unauffälligkeit und Anpassung, andere wählten Nischen in der Technoszene oder im trashigen Grunge-Look, standen

Schlange vor Pearcing- und Tattoo-Studios, wieder andere packten ihre Koffer. Ein Schnappschuss vom August 2002 zeigt meine Tochter mit großem Rucksack vor dem Köln-Bonner Flughafen. Gerade sechzehn Jahre alt geworden, wollte sie statt Klamotten lieber andere Menschen kennenlernen und entschied sich für ein Jahr Schüleraustausch in einer kalifornischen Kleinstadt.

Ich blieb noch eine Weile nach ihrem Abflug und sah aus dem großen Fenster in Halle A zum Himmel. Flugzeuge jeder Größe wechselten kreuz und quer ihre Bahnen in alle Windrichtungen. Einige setzten zur Landung an, andere stiegen immer höher hinauf, bis sie spurlos verschwanden. Leben ist ein ständiges Auseinandergehen, dachte ich. Wohin die wohl alle fliegen? Und wen nehmen sie mit? Wer wäre wohl gern mitgeflogen und wer lieber hiergeblieben? Nach einer Zeit fühlte ich mich wie auf der Fensterbank meiner Kindheit, nur hatte sich die Perspektive geändert. Das Vorübergehende hatte die Leichtigkeit verloren und tat weh. Ich wünschte mir etwas Bleibendes, und sei es nur der Kondensstreifen am Himmel, aber der Wind verwischte jeden Abdruck. So viele saßen nebeneinander und flogen doch aneinander vorbei. Wie die wohl alle heißen?

* * * * *

Respekt
ist die Inschrift der Humanität und
das Ave Maria der Verantwortung

Prinzip Respekt

„Der Kern des Problems... liegt in der Frage, wie der Starke jenen Menschen mit Respekt begegnen kann, die dazu verurteilt sind schwach zu bleiben. Darstellende Künste ... öffnen den Blick ... auf die Ausdruckspraxis gegenseitigen Respekts."

Richard Sennett

Den vielleicht verstörendsten Moment meines Lebens habe ich während einer Theaterproduktion aushalten müssen. Er glich einer Kernschmelze all meiner Systeme, als wäre ich eine andere gewesen. Ausgelöst wurde dieser GAU durch eine Improvisation namens „Master and Servant". Wie in der „Zug um Zug"-Improvisation, stellen sich auch hier zwei Akteure um einen vereinbarten Ort und sehen sich an. Doch anders als bei der „Zug um Zug"-Variante, gibt es für diese Begegnung *eine Vorgabe* vom Regisseur: Einer der beiden Spieler *muss* der *Master* sein, der andere ein *Servant*. Mein Kollege und ich wehrten uns tagelang gegen dieses sinnfreie Machtspiel, beugten uns aber schließlich dem Druck des Regisseurs. Für mich blieb es bei diesem einen Versuch.

Es geschah während der Proben zu „Die Palästinenserin" von Joshua Sobol. Ein hochkomplexes Stück um persönliche und politische Vorurteile und Verknotungen. Formal wird in dem Theaterstück ein Film mit dem Titel „Magda" gedreht. Es zeigt das Leben der Palästinenserin Samira in Israel und die äußerst konfliktreiche Vorgeschichte ihrer Liebe zu dem Juden David. Während der Film Szene für Szene abgedreht wird, platzen Narben der gemeinsamen Geschichte auf. Sickert Mistrauen und Distanz in die Arbeit.

Sobol benutzt hier wie in „Ghetto", das ich kurz zuvor gespielt hatte, die Shakespearesche Technik von dramatischen Parallelwelten und verschiedenen Wirklichkeiten. Sie sollen die Zusammenhänge von Ausgrenzung und Demütigung sichtbar machen und deren Sinnlosigkeit. Das geschieht durch die Perspektivwechsel der Protagonisten im Stück, wenn zum Beispiel die doppelt so alte Israelin Dahlia die Palästinenserin Samira spielt. Oder der eher linke Uri, Sohn einer alleinerziehenden Mutter, sich an dem Zionisten David abarbeitet, der unter dem dominanten Vater leidet. Oder wenn der unpolitische Araber Fahad sich der Figur des nationalistischen Adnan zu nähern versucht.

Als wäre diese dramatische Konstruktion nicht schon verwirrend genug, bestand auch unsere eigene Wirklichkeit, die meines Kollegen, des Regisseurs und mir, aus einer hochkomplexen Vielschichtigkeit. Mein Kollege, ein getaufter Deutscher mit einer langjährigen Gewalterfahrung in der Kindheit. Ich, die gebürtige Türkin und Moslem, die gerade Mutter geworden war und an ihrem Beruf zweifelte, und der Regisseur, ein irakischer Jude aus England, der unter allen Umständen dem damaligen Intendanten Peter Zadek imponieren wollte.

Da standen wir nun, in der neonbeleuchteten Halle der Kampnagelfabrik, und sollten eine Wahrheit finden, die der Regisseur in den Figuren suchte. Ich war mit der Palästinenserin besetzt, und mein Kollege spielte den Juden Uri/David. Ich weiß bis heute nicht, was der Regisseur durch diese „Master and Servant"-Improvisation entdecken oder bezwecken wollte, denn sie führte zu nichts weiter als in die pure Entblößung zweier Menschen.

Doch der Regisseur war überzeugt, dass wir nur durch diese Improvisation die Tiefe und die Wahrheit einer so komplizierten Beziehung erkennen würden. Ich bezweifelte, dass es nur *eine* Wahrheit gäbe in diesem Stück. Ich sagte, dass es mir unmöglich erscheint, überhaupt eine Wahrheit zu finden, mit derlei Vorgaben. Aber der Regisseur beendete in gebrochenem Deutsch die Diskussion, und ich willigte widerwillig ein.

Ich sollte die „Herrin" sein und mein Kollege „mein Sklave". Ich hatte keine Ahnung und keine Idee, wie ich mich „herrisch" fühlen könnte, und suchte Hilfsmittel, um mich größer zu positionieren. Ich stellte mich auf einen Stuhl, redete laut, gab Anweisungen. Mein Kollege, der ähnlich hilflos war mit seiner Vorgabe, ging von der anfänglich gebeugten Haltung mit gesenktem Blick über auf das Herumkriechen auf allen Vieren. Währenddessen hatten wir unsere Texte zu sprechen. Wir versuchten in allen uns bekannten Variationen „Herrin und Sklave" zu sein, bis unser kleines Repertoire bald aufgebraucht war. Immer wieder brach ich ab, sagte, dass ich das nicht kann, dass mir übel wird. Der Regisseur brüllte: „Weiter! Weiter! Please, tu es for me!"

Ich kann mich nicht erinnern, je den Wunsch nach Dominanz verspürt zu haben oder nach Herrschaft. Im Gegenteil, mich ekelt alles Tyrannische oder Despotische an. Hybris und Gier sind für mich die Quellen allen Übels. Ich reagiere körperlich, wenn mir derartige Charaktere begegnen. Mir wird übel. Und nun musste ich es selber sein, und ich ekelte mich vor mir selbst. Vielleicht hätte ich es ein Jahr zuvor noch etwas besser ausgehalten, aber zu diesem Zeitpunkt war ich gerade seit vier Monaten Mutter und hatte größte Probleme, auch nur an Schikane zu denken. Ich fand keine Bilder zu diesem Thema und keine Worte. Und so kam es, dass ich, als mir keine Worte mehr einfielen, die nachgesprochen habe, die mir der Regisseur vorsagte. Und als ich auch nicht mehr wusste, was ich tun sollte, das tat, was der Regisseur mir hereinbrüllte. Immer wieder mit dem Zusatz: „Weiter! Weiter! Please. Tu es for me!"

Aber ich konnte mich nur mit einem „Gegengift" überwinden, gegen mein Innerstes anzugehen. Bei jedem „Weiter please!" kratzte ich mir die Unterarme blutig, um noch irgendetwas in dieser Sinnleere zu spüren.

Ich habe es mir lange Zeit nicht verzeihen können, dass mir das passieren konnte, dass ich einem Anderen zuliebe so weit gegangen war und so viel Dreck und Schmerz produziert habe.

Mein Kollege kroch von einer Ecke in die andere, wich den Stühlen aus, die ich ihm hinterherwarf, duckte sich vor der Spucke, hielt jede Beschimpfung irgendwie aus. Bis zu jenem Punkt, als der Regisseur brüllte: „Du musst ihn *jetzt* treten! Please! Du musst ihn jetzt treten!"

Ich brüllte zurück: „Nein, das mache ich nicht! Ich will das nicht!"

Er stampfte mit den Füßen auf das Holzpodest: „Please! Please! Nur noch das: Treten. Please!"

Und ich trat.

Ich habe es wirklich getan. Ich habe in den Rücken meines Kollegen getreten, der schon eine gefühlte Ewigkeit auf dem Boden herumgekrochen war. Bereitwillig, ohne sich zu beschweren, hatte er jede Demütigung irgendwie weggesteckt. Bis auf das letzte, bis auf die körperliche Gewalt.

Denn danach passierte das Unfassbare. Etwas völlig Unberechenbares. Völlig übergangslos war ich an die Wand gedrückt und hatte die Hände meines Kollegen um meinen Hals. Der sonst sehr harmonieliebende Mann hatte jegliche Kontrolle verloren und drückte sich mit seiner ganzen Kraft an mich und schrie, ich weiß nicht mehr was, und ich bekam keine Luft mehr.

Ich war so schockiert über seine Reaktion und dass er so fest zudrückte, dass ich mich an diesen Moment bis heute nicht wirklich erinnern kann.

Ich weiß nur noch, dass der Regisseur auf die Spielfläche raste und uns auseinanderzerren musste. Zunächst war auch er sprachlos, fing sich aber bald zufrieden und streichelte uns abwechselnd über die Köpfe, wie Kindern nach einem Schuldgeständnis. Dabei wiederholte in einer nun heiseren Tonlage: „Well done, kids, really well done!"

Mein Kollege und ich aber haben uns die ganze Produktion über nicht mehr erholt von diesem Abend. Wir haben uns unbeschreiblich geschämt voreinander und vor uns selbst. Außerdem hatte es nicht die vom Regisseur erhoffte Wirkung, „mehrschichtiger miteinander zu spielen". Im Gegenteil. Da wir uns so tief verletzt hatten, konnten wir im Spiel gar nicht mehr an das Äußerste gehen. Diese Energie war verbrannt. Die Entblößung hatte uns geschwächt und das Kreative mit der Asche der Scham erstickt. Jahre später haben wir versucht, darüber zu reden, aber wir konnten uns immer noch nicht in die Augen sehen. Wir waren nur heilfroh, dass die Produktion bald abgesetzt wurde, weil sie nicht gelungen war.

Diese Erfahrung hat mich gelehrt, dass es keine Abkürzung gibt im Verstehen und der größte Zwang nichts zu verändern vermag. Der kathartische Effekt entsteht erst, wenn sich ein *persönlicher* Zugang *freiwillig* öffnet. Wenn sich Bedürfnis und Bereitschaft decken. Und solange wir nicht bereit sind, die Perspektive unseres Denkens *aus freiem Willen heraus* zu ändern, desto länger werden Macht und Ausgrenzungsstrukturen weiterhin die Beziehungen bestimmen.

Wenn Menschen nach Respekt verlangen, dann möchten sie aber genau diese Grenzen überwinden. Sie möchten mit verstehenden Augen gesehen werden, ohne Abgrenzung *wahrgenommen sein*. Das ist kein Einzelphänomen von ein paar sozial Schwachen oder nur auf Europäer begrenzt. Dieses Bedürfnis ist universell.

„Isch will Respekt, man!" ist ein Aufschrei des Ichs gegen seine Liquidierung. Nur diejenigen, die sich isoliert fühlen, fordern Respekt, Gleichrangigkeit und Teilhabe. Wer sich gedemütigt fühlt, will seine Selbstachtung retten. Es ist ein Affekt gegen einen Angriff.

Demütigung ist dem Wesen nach die radikalste Form von Missachtung des Daseins. In unserer Improvisation hatten wir die Vorgeschichten der Beteiligten völlig ignoriert. Wir hatten auch nicht gewusst, dass Demütigung sich nicht irgendwann von selbst entsorgt. Die Gewalterfahrung in der Kindheit machte meinen friedliebenden Kollegen noch Jahrzehnte später selbst gewalttätig.

Erniedrigen bedeutet Auslöschen von Menschlichkeit. Ganz gleich, wo und wie es passiert. Ob auf der Bühne „nur gespielt", oder ob es in einem Altenheim in Köln geschieht, wenn alte Menschen aussortiert und ruhiggestellt werden. Oder in irgendeinem Arbeitsamt, wenn ein Neueuropäer dem Türken in zweiter Generation vorgezogen wird. Ob es einem afrikanischen Bauarbeiter in Libyen widerfährt, der wie ein Tier hausen muss, oder einem indischen Handwerker in Dubai, der von Firmen kaserniert wird. Diese Liste ließe sich weltumspannend und endlos weiterführen. Über die Einzäunung der Palästinenser in den sogenannten besetzten Gebieten bis zum würdelosen Umgang mit Roma und Sinti in Frankreich, von Folter an kritischen Künstlern und Schriftstellern in Asien bis zur Verseuchung des Niger-Delta und der Zerstörung von Lebensräumen der Ärmsten durch rücksichtlose Ölkonzerne.

Demütigung hat die verschiedensten Gesichter und ist nicht immer leicht zu erkennen. Und sie geschieht täglich, zu jeder Zeit in allen Schichten und Kulturen. Sie geschieht vor unserer Haustür, wenn Frauen immer noch nicht den gleichen Lohn für gleiche Arbeit bekommen oder wenn nicht allen Kindern Chancengleichheit in der Bildung zugesichert wird. Diese Menschenrechtsverletzung ist nicht zu vergleichen mit der

Steinigung von Frauen oder der Beschneidung von Mädchen auf anderen Kontinenten. Und doch leidet eine Änderungsschneiderin, die dreißig Jahre für die Hälfte des Gehalts ihrer Kollegen arbeiten musste. Sie verliert das Selbstwertgefühl und verkümmert in Passivität. Wie die Zweitklässlerin, deren alleinerziehende Mutter das Geld für einen Schulausflug nicht aufbringen konnte. Das Kind schämt sich und zieht sich zurück.

Demütigung hat die verschiedensten Facetten, aber sie hat immer nur eine Ursache: Macht. Den unbedingten Willen, Anderen das eigene Gesetz aufzuzwingen. Ein zutiefst *selbstisches* Interesse, das vor keinem Missbrauch zurückschreckt. Es ist ein Synonym für das Herrschaftsdenken in allen zwischenmenschlichen Beziehungen, dessen Prägung nicht immer gleich erkennbar ist und nicht gleich bedrohlich wirkt. Im Verhältnis Eltern/Kinder, zum Beispiel, ist sie subtiler als im Verhältnis Lehrer/Schüler. In der Gemeinschaft von Arzt und Patient ist sie weniger offensichtlich als in der Abhängigkeit des Angestellten vom Arbeitgeber. Unmissverständlich und überdeutlich dagegen wird sie in der Herrschaft des Kolonialherrn über „seine" Sklaven.

Wie aber kommt ein „selbstisches Interesse" zustande? Was sind die Bedingungen, die Macht und Herrschaftsdenken begünstigen oder produzieren? Vielleicht liegt die Antwort in unseren Genen, vielleicht in unserer Sozialisation. Ich kenne keine endgültige Erklärung. Aber ich habe durch die beschriebene Improvisation erfahren, dass man dieses Selbstische sogar gegen den eigenen Willen entwickeln kann, wenn es nur *genug Druck* gibt, von außen oder von innen. Und wenn dieser Druck auf ein *Vakuum* trifft, auf einen Zweifel oder auf eine Unsicherheit, dann provoziert sie eine herrische Gesinnung.

Mir ist sehr wohl bewusst, dass es seit Menschengedenken die Dualität von Gut und Böse gibt. Als Instrumente von Erziehung, Dressur und Kontrolle. Aber auch als moralisches Geländer gegen Verrohung. Und ich dachte immer, daran wird sich sicher nicht viel ändern.

Aber die Rücksichtslosigkeit der Moderne hat diesen sittlichen Konsens ausgelöscht. Die Technik der Moderne hat keine „sittliche Neutralität" mehr, sagt Jonas, weil ihre potenziellen Folgen unabsehbar geworden sind. Die Moderne kennt das Gut-und-Böse-Prinzip nicht nur nicht mehr, es ist ihr vollkommen gleichgültig. Es gibt kaum eine Großtechnologie ohne bleibende Zerstörungen. Und trotzdem wird sie weiterhin eingesetzt, werden weiterhin Menschheit und Menschlichkeit als überholter Ballast in frisierten „Restrisiken" versenkt.

Da wird eine Ölplattform undicht, wie im Golf von Mexico, und die Natur in der Region ist auf Jahrzehnte hin vernichtet. Na und? Zwei Monate später wird ein paar Meter weiter eine neue Plattform hochgezogen.

Oder wenn sich ein Großfeuer bis vor die Türen des Atomlabors in Los Alamos ausbreitet oder das Hochwasser des Missouri das Kernkraftwerk Fort Calhoun beschädigt, dann drohen „Restrisiken" von Tausenden von Jahren. Na und? Das Feuer wird bald vergessen sein, das Hochwasser auch.

Bei solchen Dimensionen sind Sondermülldeponien mit Handys, Fernsehern und Kühlschränken putzige Müllhaufen.

Die Demütigung der Moderne bewegt sich jenseits der tradierten Instanzen von Richtig und Falsch oder von Gut und Böse. Sie bewegt sich in eine Ausweglosigkeit hinein, in der die Kluft zwischen der real existierenden Gefahr und dem vorhersagbaren Wissen unüberbrückbar zu werden droht. Es gibt keine Rechtfertigung für das Vabanquespiel mit dem Planeten, durch keine Ethik und keine Moral.

Vielleicht kümmert es die „Sieger von Davos" deshalb so wenig, was in der Zukunft passiert, weil sie sich mit der Flexibilität bewusst gegen die Kontinuität entschieden haben. Deshalb brauchen sie keine Moral. Mehr noch, jeder ethische Diskurs würde ihr programmatisches Tempo der Vernetzungen viel zu sehr abbremsen. Der hochkreative Computererfinder braucht weder ein Festhalten im Fell der Menschheit, noch braucht er dessen Kontinuität. Er will weiter. Die Geister, die er rief, wollen Bindungslosigkeit, brauchen das

Chaos. Empathie hält nur auf. Vielleicht kann er aber auch gar nicht mehr anders. Vielleicht muss er genau so denken, weil es sein Produkt erfordert.

Und vielleicht sind es grade diese Brüche und Charaktere, die unsere Gattung erhalten und weiterentwickelt haben. Denn die Menschheit ist ja in den letzten Jahrhunderten nicht weniger geworden oder roher, sondern ist gewachsen, weiß mehr, kann mehr. Der Planet ist heller und zugänglicher.

Trotzdem scheint es mir, als seien wir nur einen Steinwurf entfernt von einem Salto rückwärts in einen Neokolonialismus. Denn der digitale Geist ist ja nicht ohne missionarischen Eifer. „Heil dem, was neuen Gewinn verspricht", heißt auch gleichzeitig: „Weg mit dem, was es behindert."

Die letzte Finanzkrise hat bewiesen, wie unvereinbar Gewinnsucht und Menschenrechte sind.

In diesen Denkstrukturen ist das Menschliche bereits so weit verdrängt, dass Zugeständnisse in Arbeitsverträgen wie Krankenzeit oder Urlaubstage nicht mal mehr zur Dekoration taugen, soweit es überhaupt noch Verträge gibt.

Demütigung hat ein akkumulatives Wesen. Es sammelt sich in der Seele an wie Schwermetalle im Körper. Man kann sie nicht mal so nebenbei loswerden, durch einen Wutanfall oder eine Shoppingtour. Ein erlösendes oder reinigendes Gefühl entsteht erst, wenn die Ursache aufgelöst oder beseitigt ist. Und ich glaube, dass der

Aufstand der arabischen Jugend gegen *die Alten* mehrheitlich aus diesem unbedingten Wunsch nach Auflösung des „Master-and-Servant"-Daseins explodiert ist.

In der islamischen Kultur sind alte Menschen, alte Männer im Besonderen, traditionell unumschränkte Autoritäten. Ich durfte nicht einmal in die Nähe meines Opas, wenn er es nicht ausdrücklich erlaubt hatte. Noch heute wechseln in seinem Dorf junge Menschen die Straßenseite, damit der alte Mensch ungestört seinen Weg gehen kann. Alte Menschen zu ehren und ihrem Rat und Lebenserfahrung zu gehorchen, ist eine der Haupttugenden. Egal ob sie zur Familie gehören oder nicht. Alte sind Autoritäten, Kraft ihres langen Lebens. Es ist ganz selbstverständlich, dass sie ihre Hand zum Handkuss reichen. Und die Jüngeren beugen sich zu ihr, küssen den Handrücken und berühren sie anschließend mit der Stirn. Dieser Handkuss ist mehr als nur eine Geste der Ehrerbietung. Er ist das Eingeständnis der Unterwerfung der Jugend vor dem Alter.

Der Alltag für junge Menschen im Orient ist bis zur Atemnot reglementiert von tradierter Unterordnung und politischer Willkür. Wie bedrängt muss sich der junge Tunesier Mohammed Buazizi gefühlt haben, dass er sich selbst anzündet? Niemand wird es je erahnen können, ganz gleich, was die Presse berichtet. Wir wissen nur, dass jahrelang *angesammelte* Demütigung ein explosives Gemisch ist. Und dass am Ende der Atemnot ein winziger Anlass reicht für einen totalen Zusammenbruch.

Erich Fromm sagt in „Die Kunst des Liebens": Der Mensch echt religiöser Kulturen könnte vielleicht mit einem Kind von acht Jahren verglichen werden, das einen Vater als Retter braucht, das jedoch angefangen hat, die Lehren und Prinzipien des Vaters in sein Leben zu übernehmen. Der zeitgenössische, moderne Mensch ähnelt jedoch einem Kind von drei Jahren, das nach dem Vater ruft, wenn es ihn braucht, und sonst zufrieden ist, wenn es spielen darf.

Auf den Orient trifft das in doppelter Weise zu. In einer Diktatur des Patriarchats ist das Kind doppelt abhängig vom „Vater". Sowohl kulturell als auch ökonomisch. Gleichzeitig lieben alle Kinder ihre Väter, selbst wenn sie von ihnen misshandelt werden. Doch bevor sie dem Vater wehtun würden, verletzen sie sich selbst.

Die Selbstverletzung von Kindern bis zu sechzehn Jahren ist fünfmal höher als die von Erwachsenen über vierundzwanzig. Da ist es nur eine Frage der Zeit, wie lange die erzwungene Demut das Grundbedürfnis nach Freiheit kontrollieren kann.

Die jungen Menschen von Kairo, Tunis und Sanaa verlangen nicht mehr als die Grundelemente einer Bürgerdemokratie: Teilhabe und Mitgestaltung. Und die neuen Medien wie Facebook und Twitter sind zur rechten Zeit die richtigen Vermittler gewesen, *nicht* die Initiatoren dieser Revolten, wie suggeriert wurde. Die Bedrängnis durch die patriarchalen Strukturen lähmte besonders die Jugend schon seit Jahren. Warum, wieso, weshalb sie ausgerechnet in diesem Frühjahr explodierte, und dann in dieser transkontinentalen Dimension, werden sicher die Historiker irgendwann beantworten. Der Volksmund erklärt es vielleicht etwas zu schlicht, aber sicher nicht ganz unpassend: Der Krug geht so lange zum Brunnen, bis er bricht.

Und da dienten die neuen Medien als Flügel, mit deren Hilfe die *Kinder* endlich *ihre* Väter überfliegen konnten.

Dieser Ansturm auf die digitalen Plattformen macht außerdem überdeutlich, wie wichtig solidarische Plattformen *überhaupt* sind. Dass auch Demokratien diese Vernetzung brauchen, die das Auseinanderdriften ihrer sozialen Strukturen kommunizieren. Wir sind „wie Kinder von drei Jahren", die zufrieden spielen, solange es keine Probleme gibt.

Zugegeben, noch haben wir die Freiheit und Möglichkeit, uns reale Orte auszusuchen, wie vor dem Stuttgarter Bahnhof oder der Innenstadt von Barcelona. Aber Initiativen, Gewerkschaften und Parteien verlieren mehr und mehr an Glaubwürdigkeit, verschwinden zunehmend als Multiplikatoren oder Vermittler aus dem sozialen Gefüge. Also braucht die Solidarität der Moderne Agenten und Mentoren, die die

Bürgerarbeit neu organisieren. Es sind genug Gestaltungswillige da, genug Interessenten und Betroffene, das zeigen die unzähligen Blogger im Internet und deren Einfluss.

Aber wir brauchen reale Orte, um in *wirklichen Orten und in Echtzeit* zu handeln. Um zum Beispiel das Ehrenamt zu einem sozialen Netzwerk auszuweiten, das die Fürsorge und kreative Arbeit synchronisiert. Erwerbsarbeit hat als sinnstiftendes und identitätsbildendes System ausgedient. Wir müssen Gemeinschaften entwickeln, die sich der *Lebensqualität* verpflichten, die die globale Verantwortung mit Hilfe der neuen Medien neu organisieren.

Reale Orte und reale Handlungen schaffen Identität und Kontinuität und könnten eine große Gegenkraft zu denen werden, die sich das Chaos leisten können. Und vielleicht jenen wieder eine Inspiration sein, die sich bereits in der virtuellen Zweidimensionalität eingerichtet haben.

Wir brauchen Theater in den Armenvierteln, Musikschulen und Ballettsäle, Leinwände, Farben und Pinsel. Armut ist lediglich ein Synonym für mangelnde Möglichkeiten. Jedoch sind die Ränder voll mit kreativen, unruhigen Nonkonformisten. Wir müssen sie nur motivieren, selbst zu Kulturschaffenden zu werden. Sie dabei unterstützen, durch eigene Kreativität das Stigma der Ausgrenzung und die eigenen Grenzen zu überwinden. Wir müssen die Menschen dort abholen, wo sie sich sicher fühlen und Gestalter sein können.

Und sie nicht in die Mitte zerren wollen, aus der sie sofort wieder flüchten, weil sie nur Zuschauer bleiben. Nicht die Ränder müssen sich der „Mitte" anpassen, sondern umgekehrt. Schließlich wird jeder in die Weltmitte geboren, aber erst später zum gesellschaftlichen Rand gemacht.

Kreatives Arbeiten ist Erkenntnisarbeit, der Grundstoff von Humanität, Freiheit und Verantwortung. Die Ränder könnten die Zentren einer neuen Moderne werden, die Nachhaltigkeit produzieren durch Besinnung statt der bisherigen Beschleunigung, die neue Gemeinschaften entwickeln mit Kreativität statt über Konsum. Endlich könnten die Ränder zu Orten des Umdenkens werden und ihre „soziale Schwäche" zu einer „kulturellen Stärke" verwandeln.

Ich selbst bin an einem dieser „Ränder" groß geworden. Es war damals der äußerste Stadtrand von Hannover, eine gelbe Neubausiedlung für städtische Angestellte. Ich weiß noch genau, wie lange es dauerte, mit der Straßenbahn in die City zu fahren, und wie sich die Architektur mit jeder Haltestelle ins Zentrum verschönerte, die Straßenbeleuchtung heller wurde und das Grün gepflegter. Ich hatte jedes Mal genug Zeit, die Zusteigenden genauer zu betrachten, und setzte mich deshalb statt in die Einzelsitze lieber in die Vierergruppen. So war ich nah genug, die Haut und die Hände genauer anzusehen, den Gesichtsausdruck und den

Stoff ihrer Kleidung. Jeder schien mir, mit jedem Kilometer weg von uns, irgendwie feiner, glatter und kultivierter zu sein, als wären die Menschen außerhalb der Ränder irgendwie heller, als hätten sie mehr Platz in und um sich.

Vielleicht habe ich mich deshalb ein halbes Leben lang in die Mitte gesehnt. Ich weiß es nicht. Ich weiß aber, dass die Reise in diesen Teil der Gesellschaft mit all seinen Möglichkeiten mitunter länger dauern kann als eine Reise zum Mars. Auch klingelt niemand an den Türen der Plattenbauten und klärt auf, wozu ein Mensch fähig sein könnte, würde er sich zu seinen Gefühlen begeben. Zum einen, weil persönliche Betreuung an den Rändern nicht vorgesehen ist, zum anderen, weil Gefühle kulturübergreifend keinen guten Ruf haben. Mehr noch, sie werden als roh und unvollkommen kritisiert, als tierisch, dumm oder sogar gefährlich abgelehnt. Mit der Begründung, sie lähmen oder schwächen Entscheidungen oder sind schwer zu kontrollieren. So dass Jahrtausende lang strenge Benimmlisten unter dem Pseudonym der Religion aufgestellt wurden, den Gefühlen mit Geboten und Verboten Herr zu werden. Aber glücklicherweise ist auch hier die Hirnforschung weiter.

„Ich fühle, also bin ich." Schreibt der Neurowissenschaftler Antonio R. Damasio. Sich den eigenen Gefühlen zu stellen, ist wie ins Licht zu treten. Der Prozess des Bewusstwerdens ist, als würde man eine Kamera auf sich selbst richten und eine Dokumentation über sich drehen. Es ist ein Hinaustreten aus der eigenen Verdunklung. Damasio sagt, dass das Bewusstsein und die Emotion nicht voneinander zu trennen sind. Dass uns erst diese Symbiose hilft, alles in Erfahrung zu bringen, was in uns vorgeht: Lachen, Weinen, Glück, Poesie, die Hochs und die Tiefs. Außerdem hilft es, ein „Interesse am Selbst anderer zu entwickeln und die Kunst des Lebens zu verfeinern".

Ich bin sicher, dass dieses Bewusstwerden über die eigenen Gefühle mehr Identität und Selbstwertgefühl verschafft als jeder Arbeitsvertrag.

Und mehr mitfühlendes Handeln ermöglicht als die bisherige Hybris des Totalindividualismus.

Heute weiß ich, dass es auch noch ganz andere Ränder gibt und gegeben hat, die noch weit hinter unserem Rand lagen, noch weit hinter der letzten Haltestelle unsere Straßenbahnlinie. Dorthin fuhren nur noch Busse in großen Abständen hin. Dort waren die Straßen noch dunkler als bei uns, das Grün glich eher einem Gestrüpp, die Kleidung brachte das rote Kreuz, und die Haut war meistens rau und schuppig.

Ich hatte Glück, diesen sozialen Rand nie erleben zu müssen, hatte das Glück, in stabilen emotionalen und finanziellen Verhältnissen groß zu werden. Ich hatte das Glück, an einen *Sinn im Leben* glauben zu können. Auch wenn ich den Sinn meiner Eltern nicht immer verstanden habe, so wusste ich, sie hatten einen Traum und ein Ziel, für das sie lebten und arbeiteten. Ich war also nie *ohne Antrieb*, was sicher durch den Anblick der überbordenden Bücherregale meines Vaters noch gefördert wurde.

Doch die Kreuzung voller Vorübergehender, der Koran meiner Mutter und der Kategorische Imperativ meines Vaters haben mich irgendwann derart beengt, dass ich mit achtzehn Jahren unbedingt in die mir damals unbekannte Mitte wollte, zu deren Möglichkeiten und deren Lichtern. Nicht ahnend, dass die „Mitte der Gesellschaft" kein offener Raum ist, sondern mehr wie eine Festung funktioniert, die ihre Brücken nur für Ihresgleichen herunterlässt.

Ich haute von zuhause ab und balancierte danach einige Jahre sehr dicht an anderen Rändern entlang, bis ich schließlich nach dem Abitur den kreativen Planeten der Hochschule für Musik und Theater betreten durfte. Dort erst habe ich erfahren und gelernt, dass jeder Einzelne durch jedwede künstlerische Arbeit jegliche Ausgrenzung überwinden kann. Sowohl die eigenen Grenzen in sich selbst als auch die Grenzen zwischen den diversen „Rändern" und auch die der sehr unterschiedlichen „Mitten".

Ich habe die große Kraft der Kunst erlebt, dass nur sie Gegensätze so miteinander verbindet, dass der Einzelne seine Identität bewahrt und sich dennoch mit jedem neuen Bündnis synchronisieren kann.

Die Kunst ist der *menschlichste* Vermittler sowohl zwischen den verschiedenen Künsten und Künstlern als auch zwischen allen anderen Wissenschaften. Sie führt den *getrennten Menschen* wieder zusammen, macht wieder gut, was die Toleranz permanent zerstört: das Wir-Gefühl.

Denn kreatives Tun ist untrennbar verbunden mit *Liebe*, mit dem tiefsten Interesse an der schöpferischen Arbeit selbst und dem *sensorischen Genuss* daran.

„Jede Kunstart *tut etwas* mit einem bestimmten *stofflichen* Material, tut etwas mit dem Körper oder mit etwas außerhalb des Körpers, mit oder ohne instrumentelle Hilfe und im Hinblick auf die Schöpfung von etwas Sichtbarem, Hörbarem oder Fühlbarem", schreibt der Reformpädagoge und Philosoph John Dewey in „Kunst als Erfahrung".

Und weil die Moderne das Sensorische atomisiert, das stofflich Verbindende löst, sind auf die Dauer gesehen nicht nur die zwischenmenschlichen Beziehungen in Gefahr, sondern auch die politischen.

Ich glaube, die Aufgabe, vor der wir im derzeitigen Absolutismus der Märkte stehen, ist ihrem Wesen nach von derselben grundsätzlichen Natur wie die in der arabischen Welt. Die Demokratien zerbröseln zunehmend zu losen Bündeln von Privatinteressen mit konkurrierenden Zielen. Wie zum Beispiel in Griechenland, wo seit Ende der Militärdiktatur die Machenschaften einer Handvoll Politikerfamilien das Land in den Ruin gewirtschaftet hat. Ein anderes Beispiel sind die überdekorierten Staatsbesuche, für die demokratische Errungenschaften prostituiert werden, als Gegenwert für Airbusse und Billigstandorte der Autoindustrie. Wie jüngst beim deutsch-chinesischen Treffen, als die Regierungschefs wie Mätressen hinter den Hoheiten der Finanzwelt die Unterzeichnung der Milliardenverträge abwarteten, um anschließend an weißgedeckten Tischen gemeinsam in die Kameras zu prosten. Wie in der Kapitalismus-Illustration von 1911.

Das muss aufhören, wenn wir die Demokratien erhalten wollen. Wir brauchen eine klare Trennung von Staat und Wirtschaft oder wenigstens eine verfassungsmäßig garantierte Neutralität wie im Verhältnis zwischen Staat und Kirche.

Ich weiß nicht, ob es je möglich sein wird, das Kapital zu reglementieren oder gar zu reformieren, aber ich bin überzeugt, dass *der einzelne Mensch sich wehren kann, dass er in der Lage ist, Ausgrenzung und Tyrannei zu vermeiden*: „Durch Wissen vom Anderen", sagt Fromm. Und das ist erlernbar. Wir müssen uns solidarisieren für mehr Lebensqualität um unserer selbst willen. Wir müssen um der Menschlichkeit willen lernen, in den „Schuhen des Anderen" zu gehen, lernen, unsere Gemeinsamkeiten gegen die Aushöhlung durch Politik und Ökonomie zu schützen. Denn nichts zerstört so schleichend und nachhaltig wie permanente Geringschätzung und Erniedrigung. Scham und Schuldgefühle sind wie ein tägliches Waterboarding, eine fortwährende psychosoziale Gewalt, die lähmt. Also müssen wir Wege finden, wie wir *demütigende Strukturen vermeiden* und überwinden können.

Eine der dringlichsten Aufgaben für mich ist, die politische Kaste samt ihren Institutionen von Grund auf zu reformieren. Wir brauchen ein neues politisches *Konzept der Unabhängigkeit*, das sich klar bekennt zu Freiheit, Frieden und Demokratie und sich ebenso klar abgrenzt von Ausbeutung, Rassismus und Demütigung. Ein parteiisches Konzept der Verantwortung für den Einzelnen von heute und für die Ungeborenen von morgen. Wir brauchen eine unabhängige Bürgerdemokratie, die ihre Steuergelder selbst verwaltet und eine ganzheitliche Verantwortung übernimmt für die Lebensqualität jedes Einzelnen.

Die Zeit des Lobbyismus hat die Gesellschaften in Gewinner und Verlierer gespalten, in der die Politik selbst überflüssig zu werden droht. Die Kumpanei mit dem Kapital hat sie an die Grenzen ihrer Unabhängigkeit gebracht. Statt Sozialsysteme für zukünftige Generationen abzusichern, „reguliert" sie wieder mal die Verluste der Märkte. Präziser, sie wird von den Märkten gezwungen, deren Pleiten auszugleichen, weil es die Märkte von sich aus nicht können. Trotz des kapitalistischen Credos, dass sie es könnten. Sie haben es noch nie gekonnt. Jede Finanzkrise wurde mit dem Geld der Steuerzahler „reguliert". Die drohenden Staatsbankrotte belegen, wie die Politik sich selbst abzuschaffen begann, indem sie die gesetzlichen Grundlagen für ungezügeltes Wachstum schuf. „Sozial ist, was Arbeit schafft" machte sie selbst zum Spieler des spekulativen Roulettes. So dass ihr kaum noch etwas anderes übrigbleibt, als die drohenden Staatspleiten mit steuerfinanzierten „Rettungspaketen" abzuwehren. Dabei jedoch mit schmerzverzerrten Gesichtern zu jammern, dass dies schlicht „alternativlos" sei, ist der blanke Hohn.

Zugegeben, auch hier habe ich die Situation bewusst zugespitzt, weil es nicht sein kann, dass die Politik sich erpressen lässt mit Weltuntergangsszenarien und unsere Sozialleistungen, Renten und Bildungsausgaben den nimmersatten Spekulanten zum Fraß vorwirft. Dass Europa zur Transferunion für gewinnsüchtige Kapitaljäger entmündigt wird.

Wie lange kann sich die Politik da noch behaupten, ohne zum Narren der Finanzwelt zu werden? Oder zum Durchlauferhitzer für neue Rassisten mit alten Sündenbocktheorien?

Ich glaube, es wird klar, wie demütigende Strukturen die *Gesamtheit* des kulturellen Betriebssystems, das *Wesen* von Freiheit, Verantwortung und Moral sabotieren.

Aber das „Wissen vom Anderen" ist keine Floskel des so oft belächelten „Gutmenschen". Es ist im Gegenteil das nachhaltigste Hilfsmittel gegen das eigene Ohnmachtsgefühl. Denn überall auf der Welt leiden Menschen unter denselben Auswirkungen der aggressiven Märkte. Und überall denken Menschen an Flucht und hoffen auf ein Leben ohne Gängelung und Scham.

Irgendwann werden wir alle Ausländer sein oder Zugewanderte. Irgendwann wird jeder an irgendeinem Rand stehen und auf Vorübergehende warten, die nach seinem Namen fragen. Und irgendwann braucht jeder einen *Halt* im Fell der Welt, weil der Mensch von Natur aus *kein Egoist* ist. Unsere Verschiedenheiten sind keine düsteren Zwischenräume, sondern Fenster in die Vielfalt menschlichen Seins, Türen in Treibhäuser unserer Ähnlichkeiten. Auch wenn xenophobe Ex-Senatoren etwas anderes behaupten. Die Mehrzahl der Menschen wünscht sich ein respektvolles Miteinander.

Deshalb machen sie sich auf den Weg, mehr denn je – von Überall nach Überall. Manche gehen nur von einer Stadt in die andere. Andere überqueren mehrere Kontinente, des puren Überlebens Willen. Ihre Absichten sind dabei fast identisch: Sie alle wünschen sich eine geregelte Arbeit, ein Dach über dem Kopf, ärztliche Versorgung bei Krankheit, soziale Hilfe in der Not, gute Ausbildung der Kinder und eine demokratische Rechtsprechung.

Für einige ist der Umzug weniger einschneidend wie für die, die sich auf die ganz große Reise begeben haben. Für die ändert sich in der Regel alles. Insbesondere zwei Aspekte des täglichen Lebens, die für die Identitätsbestimmung von größter Bedeutung sind: Es gibt nichts Selbstverständliches mehr, und es entsteht eine Ortlosigkeit. Ein sandiges Gefühl, nur etwas Vorübergehendes zu sein, an das sich niemand erinnert. Es fehlen der *Halt* und die Zugehörigkeit durch gewachsene Bindungen. So ist der Alltag um ein Mehrfaches komplizierter durch die zusätzliche Arbeit um Anerkennung, Freundschaft und Nachbarschaft. Umso wichtiger sind für die Betroffenen bleibende Begegnungen, Menschen die sich an sie erinnern, die sie mit dem Namen kennen.

Dieses Wissen kann man erlernen und gleichzeitig das Verbindende entdecken. Ich glaube fest, dass es möglich wäre, von Kindheit an, durch alle persönlichen und politischen Instanzen hindurch, die kulturelle Navigation auf Menschlichkeit und Gegenseitigkeit auszurichten. Wir könnten diese Zukunftsarbeit global und gemeinsam leisten, wenn Interessierte jeder Herkunft, Psychologen, Künstler, Philosophen und der Gesetzgeber sich zusammensetzten. Wir könnten Richtlinien entwickeln für Wirtschaft und Finanzwelt, die sie nach dem Verursacherprinzip zur Verantwortung ziehen. Wir könnten das 21. Jahrhundert zum Jahrhundert der *globalen Lebensqualität* machen, zu einer Epoche für unsere Kinder und Kindeskinder.

Das alles ist machbar und erlernbar, wenn wir es wollen.

Respekt muss man wollen, wie Freiheit und Frieden oder wie Demokratie und Bildung. Man muss es organisieren und die Bedingungen dafür schaffen, in denen sich respektvolles Denken und Tun entwickeln kann. Menschlichkeit ist kein esoterisches Aperçu, sondern ein Garant gegen Verrohung der Zivilisation.

Mag sein, dass ein derartiger Lernprozess einigen als „utopisch" erscheint. Selbst wenn es für einige heute noch eine Utopie sein sollte, kann und will ich nicht glauben, dass wir keine andere Wahl haben, als die Entsorgung der Menschlichkeit zu akzeptieren.

In meinem Denken war und ist Utopie eine *reale* Möglichkeit. Ich habe erlebt, dass die Suche nach einem besseren Leben real ist und dass man sie umsetzen kann, wenn man es wirklich will. Wenn die Suche mit einem Sinn *gefüllt* ist.

Nach dem Abc und dem Einmaleins der Schule war dies meine erste Lebenslektion als Siebenjährige. Als ich 1962 an der Hand meiner Mutter meinem Vater nach Deutschland gefolgt bin. Sie hatten die Türkei verlassen für die Utopie eines besseren Lebens. Ihr Utopia hieß Deutschland. Auch wenn sich nicht alles erfüllt hat, was sie sich wünschten, so hat sich das Meiste doch glücklich gefügt. Und ich bin dankbar für die Aufbauarbeit meiner Eltern. Ich weiß, dass Utopien machbar sind, wenn sie gewollt werden.

So wie sich der gelernte Text der Schauspieler erst durch das Handeln auf der Bühne in eine lebendige Geschichte verwandelt. Aber dafür muss man etwas tun, gemäß Goethes Worten: „Blasen ist nicht flöten. Ihr müsst die Finger bewegen."

Eine Möglichkeit, „die Finger zu bewegen", wäre, bereits ganz früh in den Vorschulen mit der *kreativen Arbeit* anzufangen. Kindern *Räume für Träume* anzubieten, in denen sie spielerisch erfahren, wie es sich anfühlt, wenn man in den „Schuhen von Anderen" geht oder mit den „Augen von Anderen" zu sehen versucht. Der Perspektivwechsel verschafft nämlich paradoxerweise zu allererst eine Innenansicht der *eigenen* Gefühle. Kulturelles Lernen ist zu allererst eine emotionale Bildung.

Meine erste Erinnerung an eine Begegnung mit einem deutschen Mädchen ist, wie ich mit meiner Schwester am Rand unserer Dorfstraße stehe und wir auf die gegenüberliegende Seite sehen. Da standen die Halbschwestern Helga und Sybille. Nur ein paar Schritte entfernt, aber ich sehe sie wie durch ein Fernglas auf einem Hügel. Und ich erinnere mich, dass ich zu allererst dachte: Ich habe ja schwarze Haare. Ich habe nicht gedacht, ach die eine ist blond und die andere brünett. Ich dachte, ich bin anders als die und viel kleiner. Wir standen uns lange gegenüber und sahen uns nur an. Mehr war auch noch nicht möglich, weil meine Schwester und ich noch kein Wort deutsch sprachen. In der nächsten Erinnerung spielen wir bereits miteinander bei uns im Wohnzimmer. ich weiß nicht mehr, wie es dazu gekommen ist. Wahrscheinlich „Zug um Zug". Wir wurden Freundinnen, irgendwann, und ha-

ben unsere Kindheit bis zur Pubertät gemeinsam ver-
bracht.

Es gibt keinen Respekt ohne ein Verstehen. Aber alles
Verstehen ist leer, wenn nicht danach gehandelt wird.
Und das Handeln bleibt wirkungslos, wenn die Einstel-
lung sich nicht mit verändert. Das ist nicht einfach mal
so nebenbei zu leisten.

Dafür muss man sich Zeit nehmen und Raum schaffen.

Wir alle wissen, die Grenzen des Wachstums sind
nicht nur erreicht, sie sind in vielen Bereichen bereits
überschritten. Wir wachsen um des Habens Willen,
ohne Rücksicht darauf, was wir dabei werden oder
schon geworden sind. Eigentlich können wir es täglich
lesen, die Moderne schreibt unbeirrt an ihrem Testa-
ment. Schwarz auf Weiß sind die Wachstumsgräber
aufgelistet: Abgeholzte Regenwälder für *noch mehr*
Hamburger, Ozonlöcher für *noch mehr* Mobilität, ra-
dioaktiver Müll für *noch mehr* Energie, Hunger für
noch mehr Dividende.

An dem Ausruf der Achtundsechziger hat sich nichts
geändert, das Persönliche ist auch heute noch politisch! Jedes Interesse hat eine politische Wirkung. Ob
es die Gier der Reichen oder der Hunger der Armen
ist. Und es ist unübersehbar, wie das Interesse der
Wachstumsjäger die Politik seit Jahren vor sich her-
treibt. Wie eine Handvoll Ratingagenturen Roulette

spielt mit der Existenz von Millionen Menschen, Regierungen destabilisiert oder Börsen lenkt.

Ich weiß nicht, wie lange ein „Krug zum Brunnen geht, bis er bricht", aber ich bin mir ziemlich sicher, dass wir das Bleibende aus dem Vorübergehenden aussortieren müssen, um unserer selbst willen. Und zwar *bevor* der Krug bricht. Die einzige Konstante durch alle Zeiten hindurch war *der Mensch*, war das *Lebendige*. Wirtschaften sind zusammengebrochen und Maschinen sind verrottet, so wie es auch die Elektronik irgendwann sein wird. Daran wird sich solange nichts ändern, solange der liebende und sorgende Mensch sie *überlebt*, um Neues zu schaffen. Solange er schöpferisch sein kann, um Gedichte und Geschichten zu schreiben, Musik oder Bilder zu erschaffen, neue Technik und neues Wissen zu entdecken. Solange *Kultur und Empathie* möglich sind.

Nur spüre ich in den letzten Jahren eine *wachsende Verunsicherung*, als könnte sich dieser schöpferische Wille auflösen. Eine Verunsicherung, die die individuelle Erdung aufhebt, die Gravitation wegzieht in schwarze Löcher hinter den Bildschirmen. Die Zweidimensionalität der digitalen Erlebniswelten spaltet die Selbstwahrnehmung in unvereinbare Gegensätze. Hier die wachsende Ohnmacht gegenüber den realen Verhältnissen, dort das Gefühl von Allmacht im Cyberspace. Hier die Angst, die Selbstkontrolle und die Scham im gesellschaftlichen Miteinander, dort die barrierefreie, tabulose Selbstinszenierung im World Wide Web. Ich frage mich, wie der Einzelne diesen Riss in seiner Selbsteinschätzung auf Dauer aushalten kann. Die Technisierung der Moderne produziert permanent neue Sozialstrukturen mit paradoxen Identitäten. Wie aber kann das Bewusstsein diese Widersprüche verarbeiten? Hier das Servant-Dasein in der realen Welt und dort die Master-Mentalität des Second-Life-Planeten?

Mir scheint, als wuchert da eine Geschwulst in der DNA unserer Zukunft. Als kippten die Verhältnisse um in ihr Gegenteil, als würde die Erfindung den Erfinder fressen, das Spiel den Spieler, Anleihen die Börsen. Als überhole die menschliche Gier jegliche Vernunft.

Wie sehr der Eros der Technik den Techniker berauscht, wurde mir bei der letzten Präsentation des iPad deutlich. Sie glich einer Mischung aus Fashionweek und Pornokino.

Und wie sehr Übernahmekriege unseren Alltag bestimmen, sehen wir täglich in den Shoppingmeilen von London, Istanbul, Köln oder Celle. Sie sind nahezu identisch gefüllt mit den drei, vier Billiglabels, Kaffeeshops oder Fastfood-Ketten. Die Zeit der konkurrierenden Produktionssektoren läuft aus, sie werden zunehmend ersetzt von weltweitem Konformismus und Massenproduktion.

Wo bleibt da der Einzelne? Was wird aus *seiner* DNA?

Die ratternden Straßenbahnen meiner Kindheit sind heute kamerabestückte Werbezüge der Innenstädte, aber die Menschen in ihnen sind dieselben wie damals. Sie haben Angst bei Dunkelheit, trotz der Überwachungskameras an jeder Ecke und ihren stets griffbereiten Handys. Auch der Schmerz einer Krebskranken ist derselbe wie vor tausend Jahren, trotz modernster Medizin

Es ist der *Mensch*, der *nicht vergänglich* ist. Seine Empathie und seine Kreativität, seine Bindungsfähigkeit und seine Fürsorge.

Wir müssen seine Mehrdimensionalität vor der konformistischen Verflachung schützen, die Kontinuität vor der Flexibilisierung, sein Verantwortungsgefühl vor der Spekulation, seine Sorge vor der Gier.

Sonst, fürchte ich, wird die Turbodynamik des Habenwollens nicht nur die schöpferische Kraft auflösen, sondern jegliches Gewissen.

Und selbst jetzt noch funktionierende Krücken wie „Toleranz" und „Gerechtigkeit" werden dann das Zerbröseln der Humanität nicht mehr aufhalten können.

Mich hat es immer fasziniert, was der Prozess des Verstehens auslöst. Was dieses *Aha-Erlebnis* im Moment der Lösung mit dem Verstehenden macht, wie es die Augen vergrößert, die Augenbrauen hebt, ein Lächeln öffnet und den Rücken streckt. Verstehen ist nicht nur ein psychischer Vorgang. Es ist auch eine sichtbare, körperliche Verwandlung. Ein Signal von *Wir*, das sagt: Ich habe dich verstanden. Dann entspannt auch der Erklärende und senkt die Schultern, lächelt zufrieden zurück.

Beide sind erleichtert, angekommen an einem Ort, den nun beide kennen. Kommunikation ist mehr als nur reden. Es ist ein Wissen voneinander und ein *gemeinsamer Platz*. Auch dieser Prozess läuft unter jedem Himmel ähnlich ab. *Gemeinsames Verstehen verbindet*, schafft ein Heimatgefühl, unter dem Dach des Respekts.

Diese Gemeinsamkeit ist jedoch weder eine rosa Wolke und noch bedeutet Respekt die Abwesenheit von Konflikten. Im Gegenteil. Respekt weicht nicht aus oder leugnet „das allgemein Empörende", wie Arendt sagt. Nicht einmal der, der empört hat, würde dieses tun. Ein Dieb weiß, dass er gestohlen hat, ein Mörder weiß, dass er ein Verbrecher ist. Wenn wir jedoch das Empörende ihres Verhaltens zu verstehen versuchen, so können wir eher nachvollziehen, *warum* ein Mensch in diese Ausnahmesituation gerät, und dass wir, unter ähnlichen Bedingungen, möglicherweise ähnlich gehandelt hätten.

Das Verstehen des Verbrechens schiebt das Verbrechen nicht als etwas Gottgewolltes weg, sondern *übernimmt die Verantwortung für die menschliche Existenz.*

Jeder kann in ähnlicher Situation, in ähnliche Verhaltensmuster verfallen. Verstehen ist ein dialektisches Prinzip, ein Win-win-Gebot. Es klärt die Vorurteile der einen Seite auf und löst das Schamgefühl des Betroffenen auf der anderen Seite. Es verpflichtet uns, die Umstände *sorgfältig* zu beobachten und sie nicht zu ignorieren oder zu leugnen, sondern uns im Ahrendtschen Sinn „unvoreingenommen und aufmerksam der Wirklichkeit zu stellen, wie immer sie auch aussehen mag."

Jeder hat seine zwölf Geschworenen in sich, jeder kennt aus eigener Erfahrung das Für und Wider seines Verhaltens, aber nicht Jeder hat ein humanistisches Training erlebt.

Der Umgang miteinander muss trainiert werden wie ein Muskel. Ich selbst muss erst wissen, wie groß mein Handlungsrepertoire ist, um das Verhalten meines Gegenübers orten zu können. Erst mein Wissen von mir gibt mir die Freiheit, einem Anderen einen Platz neben mir anzubieten und Verantwortung zu übernehmen für eine gemeinsame Zukunft.

I got to have a little respect – find out what it means to me!

Für mich ist Respekt der reservierte Stuhl für Unbekannte. Ein Gästezimmer für Vorüberziehende.

* * * * *

Respekt

versteht den Anderen als Ergänzung zu
sich selbst und sich selbst als Ergänzung
zum Anderen und ist der sicherste Schutz
gegen Demütigung und Ausbeutung.

Deshalb ist Respekt ein
Versprechen für den Frieden.